Dieses Tagebuch gehört:

Mein Heimathafen:

Reiseverzeichnis

(zum Selbsteintragen)

Seite	Reiseziel	Reisedaten
6		von: bis:

Inhalt

Datum: _____ Hier bin ich: _____

Diese Strecken habe ich heute zurückgelegt:

km   km   km   km

Heute früh habe ich _____
_____, danach war ich
_____,
und abends habe ich dann _____
_____

Diese Sprachen habe ich gehört: _____
_____

Das hätte ich gerne vorgespult: _____
_____

Und das zurück: _____
_____

Das war wirklich ☐sonderbar ☐einzigartig ☐unglaublich:
_____
_____

So bin ich heute:

	ja	nein	etwas		ja	nein	etwas
bescheiden	☐	☐	☐	reizend	☐	☐	☐
behäbig	☐	☐	☐	relaxed	☐	☐	☐
furchtlos	☐	☐	☐	_____	☐	☐	☐

Ich habe zum ersten Mal _____

_____

Es war ☐ wirklich schön ☐ fürchterlich ☐ _____

Heimweh? ☐ ja ☐ nein ☐ ein wenig
Warum? _____

_____

Abenteuerlust: 0% [   ] 100%

Das ☐ muss ☐ will ich mir unbedingt merken: _____

_____

Geheimtipp des Tages: _____

_____

_____

So fühle ich mich:

	ja	nein	etwas			ja	nein	etwas
frisch	☐	☐	☐	edel		☐	☐	☐
frei	☐	☐	☐	rasant		☐	☐	☐
fürsorglich	☐	☐	☐	gespannt		☐	☐	☐
behaglich	☐	☐	☐	dehydriert		☐	☐	☐
verzagt	☐	☐	☐	_____		☐	☐	☐

Das war für heute geplant: _____
_____
_____

Und das habe ich tatsächlich gemacht: _____
_____
_____

Das ☐ Leckerste ☐ Ekeligste, das ich gegessen habe:_____
_____
_____

Das will ich ☐ gerne ☐ auf keinen Fall wiederholen:_____
_____
_____

Datum: _____ Hier bin ich: _____

Mein heutiges Reiseoutfit:
(einzeichnen)

So viel Geld habe ich heute ausgegeben für

Übernachtung: _____ Freizeit: _____

Essen: _____ Sonstiges: _____

Das war ein kleines bisschen ☐ enttäuschend ☐ lustig: _____

_____

_____

So dreckig sind meine Schuhe: 0% [▓▓▓▓▓▓▓▓▓▓▓▓▓▓] 100%

Echt außergewöhnlich: _____

_____

Neue Erfahrungen gemacht? ☐ nein ☐ ja, diese: _____

_____

Datum:_____ Hier bin ich:_____

So sehen hier die Steckdosen aus:

(Details einzeichnen)

Heute habe ich _____
_____
_____
_____. Es war echt ☐toll ☐blöd.

Neue Wörter gelernt? ☐nein ☐ja, diese:_____
_____

Heute bin ich [____] % Weltenbummler, [____] % Stubenhocker
und [____] %_____

Das war ☐etwas ☐gar nicht verwirrend:_____
_____

Wäre ich jetzt gerne woanders? ☐nein ☐ja, hier:_____
_____

Datum:_____ Hier bin ich:_____

So war ...

	gut	mittel	schlecht			gut	mittel	schlecht
... die Nacht	☐	☐	☐		... die Laune	☐	☐	☐
... das Wetter	☐	☐	☐		... die Aussicht	☐	☐	☐
... das Essen	☐	☐	☐		_____	☐	☐	☐

☐ Heute ☐ in den letzten Tagen ist etwas Unglaubliches passiert:

_____

_____

_____ Das werde ich (vermutlich) niemals vergessen!

Fotos gemacht: [____] Stück.

Lieblingsmotiv:_____

So voll ist mein Akku: 0% [�_____] 100 %

Darauf ☐ freue ich mich ☐ freue ich mich nicht:_____

_____

Der lustigste Moment des Tages:_____

_____

_____

Datum:_____ Hier bin ich :_____

In diesem Moment bin ich:

	ja	nein	etwas		ja	nein	etwas
enthusiastisch	☐	☐	☐	witzig	☐	☐	☐
elastisch	☐	☐	☐	entspannt	☐	☐	☐
pragmatisch	☐	☐	☐	_____	☐	☐	☐

Erste Eindrücke nach dem Aufstehen :_____
_____
_____

Schöne Orte entdeckt: ☐ Stück. Namen :_____
_____

Menschen getroffen : ☐ Stück. Namen :_____
_____

So fit bin ich : 0 % [▓▓▓▓▓▓▓▓] 100 %

Das hatte ich beim Packen nicht bedacht :_____
_____

Besondere Vorkommnisse: ☐ nein ☐ ja, diese :_____
_____

Das lag auf meinem Frühstückstisch:

(einzeichnen)

Den besten Kaffee gibt's übrigens hier:_____

Und da den schlechtesten:_____

Das ☐ muss man ☐ muss man nicht unbedingt mit eigenen

Augen gesehen haben:_____

Das stand SO nicht im Reiseführer:_____

Entdeckung des Tages:_____

Das Wort des Tages :

Der Ort, an dem ich mich aufhalte, ist berühmt für_____
_____
_____

So begrüßt man sich hier :_____
_____

Zeitverschiebung zu meinem Heimathafen: ☐ Stunden

Das ist genial :_____
_____ , aber das geht echt gar nicht :_____
_____

Das ☐ Wundervollste ☐ Sonderbarste, das ich heute sah :_____
_____
_____

Datum: _____ Hier bin ich: _____

Ich fühle mich:

	ja	nein	etwas			ja	nein	etwas
märchenhaft	☐	☐	☐	gesellig		☐	☐	☐
interessant	☐	☐	☐	geliebt		☐	☐	☐
matt	☐	☐	☐	_____		☐	☐	☐

Heute hatte ich ☐keine ☐viele Pläne. Das habe ich gemacht:

_____

_____

_____

Es war ☐umwerfend ☐ernüchternd, weil _____

_____

_____

Das fehlt mir von zu Hause: _____

_____

Postkarten verschickt? ☐nein ☐ja, [____]Stück
Empfänger: _____

Ich könnte mal wieder _____

_____

Heute bin ich:

	ja	nein	etwas		ja	nein	etwas
witzig	☐	☐	☐	zuverlässig	☐	☐	☐
emotional	☐	☐	☐	positiv	☐	☐	☐
radikal	☐	☐	☐	höflich	☐	☐	☐
unauffällig	☐	☐	☐	athletisch	☐	☐	☐
verschlossen	☐	☐	☐	_____	☐	☐	☐

So viel Zeit habe ich verbracht mit

Wandern: ☐ Stunden   Faulsein: ☐ Stunden

Essen: ☐ Stunden   Lesen: ☐ Stunden

Baden: ☐ Stunden   _____: ☐ Stunden

Über Mitreisende geärgert? ☐ nein ☐ ja, ☐ Stück

Namen:_____

Das ☐ genieße ☐ vermisse ich gerade:_____

_____

Dieser ☐ Gedanke ☐ Satz ist mein Souvenir für diesen Tag:

_____

_____

Datum: _____ Hier bin ich: _____

Meine Aktivitätskurve:

Überflieger ↑

Faulpelz ⌐_____→
          morgens mittags abends nachts

Heute habe ich meinen Augen nicht getraut, weil _____
_____
_____

Das habe ich gekauft: _____
_____. Es war ☐ billiger ☐ teurer als zu Hause.

So viel verstehe ich von der Sprache hier: 0% [_____] 100%

Diese Geräusche sind ganz typisch für hier: _____
_____

Das hat mich ☐ amüsiert ☐ genervt: _____
_____
_____

Da habe ich geschlafen:
(Zeichne dein Bett)

Erste Gedanken nach dem Aufwachen: _____
_____
_____

Bettwanzen, Flöhe, sonstiges Ungeziefer?
☐ Nicht dass ich wüsste! ☐ Seufz, ja, folgendes: _____
_____

Die Farbe des Himmels: _____

Ich fühle mich wie ein ☐ Einheimischer ☐ Tourist ☐ Alien,
weil _____
_____
_____

Ein ☐ einzigartiges ☐ enttäuschendes Erlebnis: _____
_____
_____

Datum:_____   Hier bin ich:_____

So fühle ich mich:

	ja	nein	etwas			ja	nein	etwas
leise	☐	☐	☐	kräftig		☐	☐	☐
weise	☐	☐	☐	freundlich		☐	☐	☐
wild	☐	☐	☐	wundersam		☐	☐	☐
gechillt	☐	☐	☐	_____		☐	☐	☐

Heute habe ich _____

_____

_____, morgen werde ich _____

_____

Interessantes Fundstück: _____

_____

So viel Lust habe ich gerade aufs Reisen:

0% [   ] 10000 %

Drei außergewöhnliche Dinge, die ich heute gesehen habe:

1. _____

2. _____

3. _____

Datum:_____   Hier bin ich:_____

So war...

	gut	mittel	schlecht			gut	mittel	schlecht
...mein Frühstück	☐	☐	☐	...meine Begleitung	☐	☐	☐
...mein Tag	☐	☐	☐	...meine Laune	☐	☐	☐
...das Wetter	☐	☐	☐	... _____	☐	☐	☐

Wenn ich mich umschaue, sehe ich _____

_____

Ich rieche _____
Ich höre _____

_____

und die Luft ist _____
Insgesamt ist es hier also ziemlich ☐ schön ☐ schrecklich.

Das ☐ lustigste ☐ skurrilste ☐ _____ Erlebnis des Tages:

_____

_____

_____

Daran will ich mich unbedingt erinnern: _____

_____

_____

Datum:_____ Hier bin ich:_____

Der Zustand meines Körpers:

(Wehwehchen, Sonnenbrand,

Sonnenbräune, Mückenstiche...)

Interessante Menschen kennengelernt? ☐ Stück
Namen:_____

Diese ☐ Orte ☐ Sehenswürdigkeiten habe ich gesehen:_____

_____

_____

Echt ☐ lecker ☐ extrem unlecker:_____

_____

Darauf kann ich gerade ☐ gut ☐ nicht verzichten:_____

_____

Das möchte ich mir noch ansehen, bevor die Reise zu Ende ist:

_____

_____

Datum:_____ Hier bin ich:_____

Der Blick aus meinem Fenster:

(zeichne so schnell
wie möglich!)

☐ bei Tag
☐ bei Nacht

Das hatte ich heute an:_____

_____

Der Anblick ☐des ☐der_____

_____ hat mich absolut ☐überwältigt ☐unterwältigt.

Das könnte ich ☐Mama ☐der Blumengießerin ☐_____
mitbringseln:_____

_____

Darüber habe ich mich ☐gefreut ☐aufgeregt:_____

_____

_____

_____

Datum:_____ Hier bin ich:_____

Ich fühle mich:

	ja	nein	etwas			ja	nein	etwas
reich	☐	☐	☐	ehrlich		☐	☐	☐
weich	☐	☐	☐	gefährlich		☐	☐	☐
großartig	☐	☐	☐	_____		☐	☐	☐

So viel Strecke habe ich heute zurückgelegt: ☐ m ☐ km

Blasen am Fuß? ☐ nein ☐ ja, ☐ Stück

Etwas Neues gelernt? ☐ nein ☐ ja, das:_____
_____

Davon hatte ich mir mehr erhofft:_____
_____

Aber davon wurden meine Erwartungen mehr als übertroffen:
_____

Der Tag in drei Worten:

23

Datum:_____ Hier bin ich:_____

So fühle ich mich:

	ja	nein	etwas		ja	nein	etwas
selbstsicher	☐	☐	☐	kreativ	☐	☐	☐
hübsch	☐	☐	☐	abgebrüht	☐	☐	☐
neugierig	☐	☐	☐	aufgeschlossen	☐	☐	☐
dynamisch	☐	☐	☐	_____	☐	☐	☐

Eine interessante neue Erfahrung:_____
_____
_____

So erschöpft bin ich: |‑‑‑‑‑‑‑‑‑‑‑‑‑‑‑‑‑‑‑‑‑‑‑‑‑|
                      0   10

So sagt man hier
Danke:_____
Guten Tag:_____
_____

Habe ich heute genug erlebt?
☐ ja, das:_____
☐ nein, das hätte ich gerne noch gemacht:_____
_____

Das lag auf
meinem Teller:

(und so hab ichs
gegessen)

Heute bin ich um [____] Uhr in............................

.... aufgewacht.

Es war ☐ sehr verwirrend ☐ wundervoll ☐............................

Das war sehr überraschend:............................

....

Da wäre ich jetzt lieber:............................
Wieso?............................

....

Heute war ein ☐ spezieller ☐ durchschnittlicher ☐ extrem öder
Reisetag, weil............................

....

....

Datum:_____ Hier bin ich:_____

Meine Laune:

☺ ☐   😐 ☐   ☹ ☐   😶 ☐

Das war heute so los:_____
_____
_____
_____

Laaaaaaaaaaaaaaaaaaaaangweilig:_____

Aber das fand ich ziemlich super:_____

Und das sogar noch superer:_____
_____
_____

Davon werde ich zu Hause erzählen:_____
_____
_____

_____

Datum:_____ Hier bin ich:_____

So fühle ich mich:

	ja	nein	etwas			ja	nein	etwas
ehrlich	☐	☐	☐		fröhlich	☐	☐	☐
sprachlos	☐	☐	☐		mysteriös	☐	☐	☐
kraftvoll	☐	☐	☐		_____	☐	☐	☐

Da schlafe ich heute:_____
_____

Das riecht gerade etwas seltsam:
☐ meine Füße ☐ die Matratze ☐_____
Stört mich das? ☐ ja ☐ nein

Das vermisse ich gerade:_____
_____

So so SO schön:_____
_____

Ein unvergesslicher Augenblick:_____
_____
_____

Datum: _____ Hier bin ich: _____

Heute fühle ich mich:

	ja	nein	etwas			ja	nein	etwas
aktiv	☐	☐	☐	redselig		☐	☐	☐
sympathisch	☐	☐	☐	hemmungslos		☐	☐	☐
beflügelt	☐	☐	☐	_____		☐	☐	☐

So ist das Wetter: ☐ ☀ ☐ ⛈ ☐ 🌈 ☐ ☐

Mein Song des Tages: _____

Diese Grenzen habe ich ☐ heute ☐ in der letzten Zeit überschritten:
☐ Landesgrenzen ☐ meine eigenen Grenzen
Details: _____
_____
_____

Nie wieder: _____

Ich ☐ freue mich ☐ freue mich nicht auf zu Hause, weil _____
_____
_____

Mein Tag als Tortendiagramm:

(vervollständigen)

☐ Tagebuchschreiben

∷∷ Schlafen

///, Essen

ww Entdecken

▦ _____

🐚 _____

⟍⟍ _____

Damit habe ich mir den Bauch vollgeschlagen:_____

_____

_____

☐ WOW! ☐ pfui... ☐ _____

Wann habe ich eigentlich das letzte Mal geduscht?

Vor ☐ Stunden ☐ Tagen ☐ Wochen

Und wo?_____

Das habe ich heute gelernt:_____

_____

_____

_____

Dieser schräge Vogel ist
mir heute begegnet:
(einzeichnen)

So viel Zeit habe ich verbracht mit

Shopping: [ ] Stunden   in Cafés sitzen: [ ] Stunden

Schlafen: [ ] Stunden   Entdecken: [ ] Stunden

Schlendern: [ ] Stunden   _____ [ ] Stunden

Das habe ich zum ersten Mal gesehen: _____
_____

Das muss ich unbedingt ☐ nachholen ☐ vermeiden: _____
_____
_____

Highlight des Tages: _____
_____

Tiefpunkt des Tages: _____
_____

Datum: .... Hier bin ich: ....

So fühle ich mich:

	ja	nein	etwas		ja	nein	etwas
geheimnisvoll	☐	☐	☐	ausgelassen	☐	☐	☐
fröhlich	☐	☐	☐	verwöhnt	☐	☐	☐
eifrig	☐	☐	☐	königlich	☐	☐	☐
mitfühlend	☐	☐	☐	....	☐	☐	☐

Heute morgen habe ich: ....

....

Viel lieber hätte ich: ....

Der Blick aus meinem Fenster ist ☐ Wahnsinn! ☐ relativ trostlos, weil ....

....

So erfüllt bin ich gerade: 0% [   ] 100%

Eine nette kleine ☐ Anekdote ☐ Katastrophe der letzten Tage:

....

....

....

....

Datum: _____ Hier bin ich: _____

Mein kurzes Tagesprotokoll:

2:00

4:00

6:00

8:00

10:00

12:00

14:00

16:00

18:00

20:00

22:00

24:00

Datum: _____ Hier bin ich: _____

Der Zustand meiner Füße:

links   rechts

Das erste Geräusch, das ich nach dem Aufwachen höre: _____
_____

Das ☐ ist toll ☐ nervt total.

Das ist ganz anders als zu Hause: _____
_____

Und das ziemlich ähnlich: _____
_____

Neue Vokabeln:

Davon werde ich noch meinen Enkeln erzählen: _____
_____
_____

Meine Aufwachfrisur:
(einzeichnen)

Das ist heute ☐Spannendes ☐Langweiliges passiert: _____
_____
_____
_____

Diese Sprache sprechen die Leute hier: _____
Ich kann ☐alles ☐gar nichts ☐ca.☐ % verstehen.

Das ist hier unglaublich ☐teuer ☐billig: _____
_____

Das hätte ich ☐gerne ☐lieber nicht vorher gewusst: _____
_____
_____

Datum:_____ Hier bin ich:_____

Ich fühle mich:

	ja	nein	etwas			ja	nein	etwas
faszinierend	☐	☐	☐	mutig		☐	☐	☐
fantasievoll	☐	☐	☐	anmutig		☐	☐	☐
wissbegierig	☐	☐	☐	_____		☐	☐	☐

Darüber habe ich mich ☐sehr ☐ein wenig ☐gar nicht gefreut:

_____

_____

_____

Sehenswert:_____

_____

_____

Dumm gelaufen:_____

_____

_____, aber Schwamm drüber!

So hat mir die Reise bisher gefallen:☐gut ☐mittel ☐schlecht,
weil_____

_____

Datum:_____   Hier bin ich:_____

So fühle ich mich:

	ja	nein	etwas			ja	nein	etwas
temperamentvoll	☐	☐	☐		bezaubernd	☐	☐	☐
passiv	☐	☐	☐		bescheiden	☐	☐	☐
sensibel	☐	☐	☐		ehrlich	☐	☐	☐
schrullig	☐	☐	☐		_____	☐	☐	☐

Heute ist Folgendes passiert:_____

_____

_____

Die Menschen sind hier tendenziell
☐ eher freundlich ☐ eher verschlossen ☐_____

Der Geschmack des Tages:_____

Da hat der Reiseführer ☐ gelogen ☐ nicht zu viel versprochen:

_____

Das ☐ darf ☐ kann ☐ will ich nicht vergessen:_____

_____

_____

36

So sehen hier die Hipster aus:

Die Häuser hier sind ☐ bunt ☐ graugraugrau ☐_____
Weitere Besonderheiten meiner Umgebung:_____
_____
_____

So klingen hier die Sirenen:
☐ tatütata ☐ düdüdüditt ☐_____

Das macht mich gerade seeeeehr glücklich:_____
_____
_____

Ich liebe diesen Ort: ☐ total ☐ gar nicht
Warum?_____
_____

Datum: _____ Hier bin ich: _____

Stimmungsbarometer:

so lala

unterirdisch

MEGA

Das geht mir gerade auf den Keks: _____

_____

_____

Damit habe ich meine Zeit verbracht: _____

_____

War ☐ toll ☐ doof ☐ _____

Das gibt es Besonderes auf dem Markt: _____

Schon probiert? ☐ na klar ☐ nein, weil _____

_____

Platz für Notizen: _____

_____

Hier bitte
Selfies zeichnen!

Morgens

Ich, morgens.

Mittags

Ich, mittags.

Abends

Ich, abends.

Nachts

Ich, nachts.

Datum:_____ Hier bin ich:_____

So fühle ich mich gerade:

	ja	nein	etwas			ja	nein	etwas
glücklich	☐	☐	☐	cool		☐	☐	☐
erfüllt	☐	☐	☐	scharf		☐	☐	☐
bedrückt	☐	☐	☐	schläfrig		☐	☐	☐
verrückt	☐	☐	☐	_____		☐	☐	☐

So viel Geld habe ich heute ausgegeben:_____

Und dafür habe ich es ausgegeben:_____

_____

Ein mitgehörter
Satz:

Ojeoje:_____

_____

WOW!_____

_____

Vorbesserungsvorschlag für die nächste Reise:_____

_____

Mein Held des Tages:

Hier gibt es eindeutig zu viele
☐Mücken ☐Touristen ☐Straßenhändler ☐_____
Und zu wenig ☐Kaffee ☐Platz ☐Ruhe ☐_____

Füllstand meiner Reisekasse:
    0 % ▐████████████▌ 100 %

Das vermisse ich ☐gerade ☐nicht :_____
_____

Gesehen:_____
Gehört:_____
Gerochen:_____
Gelernt:_____
Ge_____:_____

Das Interessanteste, das ich
heute in den Händen hielt:

Das habe ich heute gesehen:

Geheimnisvolle Orte: ☐ Stück. Details:_____

Exotische Tiere: ☐ Stück. Details:_____

Ein ☐grandioses ☐enttäuschendes Ereignis:_____

Heute war ein besonderer Tag, ☐weil ☐obwohl _____

Mein abschließendes Urteil über den Tag: ☐👍 ☐👎

Datum: _____ Hier bin ich: _____

Heute bin ich:

	ja	nein	etwas		ja	nein	etwas
hübsch	☐	☐	☐	drollig	☐	☐	☐
faul	☐	☐	☐	präzise	☐	☐	☐
quirlig	☐	☐	☐	romantisch	☐	☐	☐
interessiert	☐	☐	☐	_____	☐	☐	☐

So klingt dieser Ort: _____
_____

Unbedingt ☐vermeiden ☐machen: _____
_____

Meine To-do-Liste
für morgen:

Ein kleiner Moment für die Ewigkeit: _____
_____
_____

Datum: _____ Hier bin ich: _____

Ich fühle mich:

	ja	nein	etwas			ja	nein	etwas
fantastisch	☐	☐	☐	pragmatisch		☐	☐	☐
fein	☐	☐	☐	überflüssig		☐	☐	☐
gemein	☐	☐	☐	_____		☐	☐	☐

Heute habe ich _____
_____
_____
_____ . Das muss ich unbedingt _____ erzählen!

Das könnte ich gerade ☐ sehr gut ☐ gar nicht gebrauchen: _____
_____
_____

So erholt bin ich: 0 % [███████] 100 %

Die seltsamste Begebenheit der letzten Tage: _____
_____
_____

Ich müsste mal wieder _____

Datum:_____ Hier bin ich:_____

In meinem Handgepäck
befindet sich:

So viel Zeit verbracht mit:

Rumsitzen: ☐ Stunden   Schlafen: ☐ Stunden

Flanieren: ☐ Stunden   _____: ☐ Stunden

Der WAHNSINN:_____
_____
_____

Das lief im Radio:_____
_____

Das werde ich ☐ sehr ☐ gar nicht vermissen, wenn ich wieder
zu Hause bin:_____
_____

Diese Strecken habe ich heute zurückgelegt:

km   km   km   km

Heute früh habe ich _____

_____, danach war ich

_____)

und abends habe ich dann _____

_____

Diese Sprachen habe ich gehört: _____

_____

Das hätte ich gerne vorgespult: _____

_____

Und das zurück: _____

_____

Das war wirklich ☐ sonderbar ☐ einzigartig ☐ unglaublich:

_____

_____

Datum: .... Hier bin ich: ....

So bin ich heute:

	ja	nein	etwas		ja	nein	etwas
bescheiden	☐	☐	☐	reizend	☐	☐	☐
behäbig	☐	☐	☐	relaxed	☐	☐	☐
furchtlos	☐	☐	☐	....	☐	☐	☐

Ich habe zum ersten Mal ....

....

Es war ☐ wirklich schön ☐ fürchterlich ☐ ....

Heimweh? ☐ ja ☐ nein ☐ ein wenig
Warum? ....

....

Abenteuerlust: 0% [   ] 100%

Das ☐ muss ☐ will ich mir unbedingt merken: ....

....

Geheimtipp des Tages: ....

....

....

Datum: _____   Hier bin ich: _____

So fühle ich mich:

	ja	nein	etwas			ja	nein	etwas
frisch	☐	☐	☐	edel		☐	☐	☐
frei	☐	☐	☐	rasant		☐	☐	☐
fürsorglich	☐	☐	☐	gespannt		☐	☐	☐
behaglich	☐	☐	☐	dehydriert		☐	☐	☐
verzagt	☐	☐	☐	____		☐	☐	☐

Das war für heute geplant: _____

_____

_____

Und das habe ich tatsächlich gemacht: _____

_____

_____

Das ☐ Leckerste ☐ Ekeligste, das ich gegessen habe: _____

_____

_____

Das will ich ☐ gerne ☐ auf keinen Fall wiederholen: _____

_____

_____

Datum: ………………… Hier bin ich: ………………………

Mein heutiges Reiseoutfit:
(einzeichnen)

So viel Geld habe ich heute ausgegeben für

Übernachtung: ………………… Freizeit: …………………

Essen: ………………… Sonstiges: …………………

Das war ein kleines bisschen ☐ enttäuschend ☐ lustig: …………

…………………………………………

…………………………………………

So dreckig sind meine Schuhe: 0% ▭ 100%

Echt außergewöhnlich: …………………………

…………………………………………

Neue Erfahrungen gemacht? ☐ nein ☐ ja, diese: …………

…………………………………………

So sehen hier die Steckdosen aus:

(Details einzeichnen)

Heute habe ich _____

_____

_____

_____ . Es war echt ☐toll ☐blöd.

Neue Wörter gelernt? ☐nein ☐ja, diese:_____

_____

Heute bin ich [___] % Weltenbummler, [___] % Stubenhocker

und [___] %_____

Das war ☐etwas ☐gar nicht verwirrend:_____

_____

Wäre ich jetzt gerne woanders? ☐nein ☐ja, hier:_____

_____

Datum: _____ Hier bin ich: _____

So war ...

	gut	mittel	schlecht			gut	mittel	schlecht
... die Nacht	☐	☐	☐	... die Laune	☐	☐	☐
... das Wetter	☐	☐	☐	... die Aussicht	☐	☐	☐
... das Essen	☐	☐	☐	_____	☐	☐	☐

☐ Heute ☐ in den letzten Tagen ist etwas Unglaubliches passiert:

_____

_____

_____ Das werde ich (vermutlich) niemals vergessen!

Fotos gemacht: [____] Stück

Lieblingsmotiv: _____

So voll ist mein Akku: 0% [████████████] 100 %

Darauf ☐ freue ich mich ☐ freue ich mich nicht: _____

_____

Der lustigste Moment des Tages: _____

_____

_____

In diesem Moment bin ich:

	ja	nein	etwas			ja	nein	etwas
enthusiastisch	☐	☐	☐	witzig		☐	☐	☐
elastisch	☐	☐	☐	entspannt		☐	☐	☐
pragmatisch	☐	☐	☐	_____		☐	☐	☐

Erste Eindrücke nach dem Aufstehen:_____

_____

_____

Schöne Orte entdeckt: ☐ Stück. Namen:_____

_____

Menschen getroffen: ☐ Stück. Namen:_____

_____

So fit bin ich: 0% [▬▬▬▬▬▬▬▬▬] 100%

Das hatte ich beim Packen nicht bedacht:_____

_____

Besondere Vorkommnisse: ☐nein ☐ja, diese:_____

_____

Das lag auf meinem Frühstückstisch:
(einzeichnen)

Den besten Kaffee gibt's übrigens hier: _____

_____

Und da den schlechtesten: _____

_____

Das ☐ muss man ☐ muss man nicht unbedingt mit eigenen
Augen gesehen haben: _____

_____

Das stand SO nicht im Reiseführer: _____

_____

_____

Entdeckung des Tages: _____

_____

Datum: _____   Hier bin ich: _____

Das Wort des Tages:

Der Ort, an dem ich mich aufhalte, ist berühmt für _____
_____
_____

So begrüßt man sich hier: _____
_____

Zeitverschiebung zu meinem Heimathafen: ☐ Stunden

Das ist genial: _____
_____, aber das geht echt gar nicht: _____
_____

Das ☐ Wundervollste ☐ Sonderbarste, das ich heute sah: _____
_____
_____

Datum: _____ Hier bin ich: _____

Ich fühle mich:

	ja	nein	etwas			ja	nein	etwas
märchenhaft	☐	☐	☐	gesellig		☐	☐	☐
interessant	☐	☐	☐	geliebt		☐	☐	☐
matt	☐	☐	☐	_____		☐	☐	☐

Heute hatte ich ☐keine ☐viele Pläne. Das habe ich gemacht:

_____

_____

_____

Es war ☐umwerfend ☐ernüchternd, weil _____

_____

_____

Das fehlt mir von zu Hause: _____

_____

Postkarten verschickt? ☐nein ☐ja, [　] Stück

Empfänger: _____

Ich könnte mal wieder _____

_____

Heute bin ich:

	ja	nein	etwas		ja	nein	etwas
witzig	☐	☐	☐	zuverlässig	☐	☐	☐
emotional	☐	☐	☐	positiv	☐	☐	☐
radikal	☐	☐	☐	höflich	☐	☐	☐
unauffällig	☐	☐	☐	athletisch	☐	☐	☐
verschlossen	☐	☐	☐	_____	☐	☐	☐

So viel Zeit habe ich verbracht mit

Wandern: ☐ Stunden   Faulsein: ☐ Stunden

Essen: ☐ Stunden   Lesen: ☐ Stunden

Baden: ☐ Stunden   _____: ☐ Stunden

Über Mitreisende geärgert? ☐nein ☐ja, ☐ Stück
Namen: _____

Das ☐genieße ☐vermisse ich gerade: _____

_____

Dieser ☐Gedanke ☐Satz ist mein Souvenir für diesen Tag:

_____

_____

Datum: _____ Hier bin ich: _____

Meine Aktivitätskurve:

Überflieger

Faulpelz

morgens mittags abends nachts

Heute habe ich meinen Augen nicht getraut, weil _____
_____
_____

Das habe ich gekauft: _____
_____ Es war ☐ billiger ☐ teurer als zu Hause.

So viel verstehe ich von der Sprache hier: 0% [_____] 100%

Diese Geräusche sind ganz typisch für hier: _____
_____

Das hat mich ☐ amüsiert ☐ genervt: _____
_____
_____

Da habe ich geschlafen:
(Zeichne dein Bett)

Erste Gedanken nach dem Aufwachen:_____
_____
_____

Bettwanzen, Flöhe, sonstiges Ungeziefer?
☐ Nicht dass ich wüsste! ☐ Seufz, ja, folgendes:_____
_____

Die Farbe des Himmels:_____

Ich fühle mich wie ein ☐ Einheimischer ☐ Tourist ☐ Alien,
weil_____
_____
_____

Ein ☐ einzigartiges ☐ enttäuschendes Erlebnis:_____
_____
_____

Datum: .... Hier bin ich: ....

So fühle ich mich:

	ja	nein	etwas		ja	nein	etwas
leise	☐	☐	☐	kräftig	☐	☐	☐
weise	☐	☐	☐	freundlich	☐	☐	☐
wild	☐	☐	☐	wundersam	☐	☐	☐
gechillt	☐	☐	☐	....	☐	☐	☐

Heute habe ich ....

....

.............................., morgen werde ich ....

....

Interessantes Fundstück: ....

....

So viel Lust habe ich gerade aufs Reisen:

0 % [ ] 10000 %

Drei außergewöhnliche Dinge, die ich heute gesehen habe:

1. ....
2. ....
3. ....

Datum:_____ Hier bin ich:_____

So war ...

	gut	mittel	schlecht			gut	mittel	schlecht
... mein Frühstück	☐	☐	☐	... meine Begleitung		☐	☐	☐
... mein Tag	☐	☐	☐	... meine Laune		☐	☐	☐
... das Wetter	☐	☐	☐	..._____		☐	☐	☐

Wenn ich mich umschaue, sehe ich _____

_____

Ich rieche _____
Ich höre _____

_____

und die Luft ist_____
Insgesamt ist es hier also ziemlich ☐schön ☐schrecklich.

Das ☐lustigste ☐skurrilste ☐_____ Erlebnis des Tages:

_____

_____

_____

Daran will ich mich unbedingt erinnern:_____

_____

_____

Datum: _____ Hier bin ich: _____

Der Zustand meines Körpers:

(Wehwehchen, Sonnenbrand,

Sonnenbräune, Mückenstiche...)

Interessante Menschen kennengelernt? ☐ Stück
Namen: _____

Diese ☐ Orte ☐ Sehenswürdigkeiten habe ich gesehen: _____

_____

_____

Echt ☐ lecker ☐ extrem unlecker: _____

_____

Darauf kann ich gerade ☐ gut ☐ nicht verzichten: _____

_____

Das möchte ich mir noch ansehen, bevor die Reise zu Ende ist:

_____

_____

Der Blick aus meinem Fenster:

(Zeichne so schnell
wie möglich!)

☐ bei Tag
☐ bei Nacht

Das hatte ich heute an:_____

_____

Der Anblick ☐ des ☐ der _____

_____

_____ hat mich absolut ☐ überwältigt ☐ unterwältigt.

Das könnte ich ☐ Mama ☐ der Blumengießerin ☐ _____

mitbringseln: _____

_____

Darüber habe ich mich ☐ gefreut ☐ aufgeregt: _____

_____

_____

Datum:_____ Hier bin ich:_____

Ich fühle mich:

	ja	nein	etwas			ja	nein	etwas
reich	☐	☐	☐	ehrlich		☐	☐	☐
weich	☐	☐	☐	gefährlich		☐	☐	☐
großartig	☐	☐	☐	....		☐	☐	☐

So viel Strecke habe ich heute zurückgelegt: ☐☐ ☐m ☐km

Blasen am Fuß? ☐nein ☐ja, ☐☐ Stück

Etwas Neues gelernt? ☐nein ☐ja, das:_____

_____

Davon hatte ich mir mehr erhofft:_____

_____

Aber davon wurden meine Erwartungen mehr als übertroffen:

_____

Der Tag in drei Worten:

So fühle ich mich:

	ja	nein	etwas
selbstsicher	☐	☐	☐
hübsch	☐	☐	☐
neugierig	☐	☐	☐
dynamisch	☐	☐	☐

	ja	nein	etwas
kreativ	☐	☐	☐
abgebrüht	☐	☐	☐
aufgeschlossen	☐	☐	☐
_____	☐	☐	☐

Eine interessante neue Erfahrung:_____
_____
_____

So erschöpft bin ich: 0 ————————————— 10

So sagt man hier

Danke:_____

Guten Tag:_____

_____ :

Habe ich heute genug erlebt?

☐ ja, das:_____

☐ nein, das hätte ich gerne noch gemacht:_____

_____

Datum: _____ Hier bin ich: _____

Das lag auf
meinem Teller:
(und so hab ichs
gegessen)

Heute bin ich um ☐ Uhr in _____

_____ aufgewacht.

Es war ☐ sehr verwirrend ☐ wundervoll ☐ _____

Das war sehr überraschend: _____

_____

Da wäre ich jetzt lieber: _____
Wieso? _____

_____

Heute war ein ☐ spezieller ☐ durchschnittlicher ☐ extrem öder
Reisetag, weil _____

_____

_____

Meine Laune:

😊 ☐   😐 ☐   🙁 ☐   🙂 ☐

Das war heute so los: _____

_____

_____

_____

Laaaaaaaaaaaaaaaaaaaaaangweilig: _____

Aber das fand ich ziemlich super: _____

Und das sogar noch superer: _____

_____

_____

Davon werde ich zu Hause erzählen: _____

_____

_____

_____

Datum: _____ Hier bin ich: _____

So fühle ich mich:

	ja	nein	etwas			ja	nein	etwas
ehrlich	☐	☐	☐	fröhlich		☐	☐	☐
sprachlos	☐	☐	☐	mysteriös		☐	☐	☐
kraftvoll	☐	☐	☐	_____		☐	☐	☐

Da schlafe ich heute: _____
_____

Das riecht gerade etwas seltsam:
☐ meine Füße ☐ die Matratze ☐ _____
Stört mich das? ☐ ja ☐ nein

Das vermisse ich gerade: _____
_____

So so SO schön: _____
_____

Ein unvergesslicher Augenblick: _____
_____
_____

Datum:_____ Hier bin ich:_____

Heute fühle ich mich:

	ja	nein	etwas			ja	nein	etwas
aktiv	☐	☐	☐		redselig	☐	☐	☐
sympathisch	☐	☐	☐		hemmungslos	☐	☐	☐
beflügelt	☐	☐	☐		_____	☐	☐	☐

So ist das Wetter: ☐ 🌞 ☐ ⛈ ☐ 🌈 ☐ ☐

Mein Song des Tages: _____

Diese Grenzen habe ich ☐ heute ☐ in der letzten Zeit überschritten
☐ Landesgrenzen ☐ meine eigenen Grenzen
Details:_____
_____
_____

Nie wieder:_____

Ich ☐ freue mich ☐ freue mich nicht auf zu Hause, weil_____
_____
_____

Mein Tag als Tortendiagramm:
(vervollständigen)

- ▨ Tagebuchschreiben
- ⠿ Schlafen
- ⫽ Essen
- ∿ Entdecken
- ▦ _____
- ✿ _____
- ▧ _____

Damit habe ich mir den Bauch vollgeschlagen: _____
_____
_____
_____

☐ WOW! ☐ pfui... ☐ _____

Wann habe ich eigentlich das letzte Mal geduscht?
Vor [   ] ☐ Stunden ☐ Tagen ☐ Wochen
Und wo? _____

Das habe ich heute gelernt: _____
_____
_____
_____

Datum:_____ Hier bin ich:_____

Dieser schräge Vogel ist
mir heute begegnet:
(einzeichnen)

So viel Zeit habe ich verbracht mit

Shopping: ☐ Stunden   in Cafés sitzen: ☐ Stunden

Schlafen: ☐ Stunden   Entdecken: ☐ Stunden

Schlendern: ☐ Stunden   _____ ☐ Stunden

Das habe ich zum ersten Mal gesehen:_____
_____

Das muss ich unbedingt ☐ nachholen ☐ vermeiden:_____
_____
_____

Highlight des Tages:_____
_____

Tiefpunkt des Tages:_____
_____

Datum:_____ Hier bin ich:_____

So fühle ich mich:

	ja	nein	etwas			ja	nein	etwas
geheimnisvoll	☐	☐	☐	ausgelassen		☐	☐	☐
fröhlich	☐	☐	☐	verwöhnt		☐	☐	☐
eifrig	☐	☐	☐	königlich		☐	☐	☐
mitfühlend	☐	☐	☐	_____		☐	☐	☐

Heute morgen habe ich:_____

_____

Viel lieber hätte ich:_____

Der Blick aus meinem Fenster ist ☐ Wahnsinn! ☐ relativ trostlos,
weil _____

_____

So erfüllt bin ich gerade: 0% [▬▬▬▬▬▬▬▬▬] 100%

Eine nette kleine ☐ Anekdote ☐ Katastrophe der letzten Tage:

_____

_____

_____

_____

Mein kurzes Tagesprotokoll:

2:00

4:00

6:00

8:00

10:00

12:00

14:00

16:00

18:00

20:00

22:00

24:00

Der Zustand meiner Füße:

links   rechts

Das erste Geräusch, das ich nach dem Aufwachen höre:_____

Das ☐ ist toll ☐ nervt total.

Das ist ganz anders als zu Hause:_____

Und das ziemlich ähnlich:_____

Neue Vokabeln:

Davon werde ich noch meinen Enkeln erzählen:_____

Datum: _____ Hier bin ich: _____

Meine Aufwachfrisur:
(einzeichnen)

Das ist heute ☐Spannendes ☐Langweiliges passiert: _____
_____
_____
_____

Diese Sprache sprechen die Leute hier: _____
Ich kann ☐alles ☐gar nichts ☐ca. ☐ % verstehen.

Das ist hier unglaublich ☐teuer ☐billig: _____
_____

Das hätte ich ☐gerne ☐lieber nicht vorher gewusst: _____
_____
_____

Datum: _____ Hier bin ich: _____

Ich fühle mich:

	ja	nein	etwas			ja	nein	etwas
faszinierend	☐	☐	☐		mutig	☐	☐	☐
fantasievoll	☐	☐	☐		anmutig	☐	☐	☐
wissbegierig	☐	☐	☐		_____	☐	☐	☐

Darüber habe ich mich ☐ sehr ☐ ein wenig ☐ gar nicht gefreut:

_____

_____

_____

Sehenswert: _____

_____

_____

Dumm gelaufen: _____

_____

_____, aber Schwamm drüber!

So hat mir die Reise bisher gefallen: ☐ gut ☐ mittel ☐ schlecht,
weil _____

_____

Datum: _____ Hier bin ich: _____

So fühle ich mich:

	ja	nein	etwas			ja	nein	etwas
temperamentvoll	☐	☐	☐	bezaubernd		☐	☐	☐
passiv	☐	☐	☐	bescheiden		☐	☐	☐
sensibel	☐	☐	☐	ehrlich		☐	☐	☐
schrullig	☐	☐	☐			☐	☐	☐

Heute ist Folgendes passiert: _____
_____
_____

Die Menschen sind hier tendenziell
☐ eher freundlich ☐ eher verschlossen ☐ _____

Der Geschmack des Tages: _____

Da hat der Reiseführer ☐ gelogen ☐ nicht zu viel versprochen: _____
_____

Das ☐ darf ☐ kann ☐ will ich nicht vergessen: _____
_____
_____

Datum:_____ Hier bin ich:_____

So sehen hier die Hipster aus:

Die Häuser hier sind ☐bunt ☐graugraugrau ☐_____
Weitere Besonderheiten meiner Umgebung:_____
_____
_____

So klingen hier die Sirenen:
☐tatütata ☐düdüdüditt ☐_____

Das macht mich gerade seeeeehr glücklich:_____
_____
_____

Ich liebe diesen Ort: ☐total ☐gar nicht
Warum?_____
_____

Datum: _____ Hier bin ich: _____

Stimmungsbarometer:

so lala

MEGA

unterirdisch

Das geht mir gerade auf den Keks: _____

_____

_____

Damit habe ich meine Zeit verbracht: _____

_____

_____

War ☐ toll ☐ doof ☐ _____

Das gibt es Besonderes auf dem Markt: _____

Schon probiert? ☐ na klar ☐ nein, weil _____

_____

Platz für Notizen: _____

_____

Datum:_____ Hier bin ich:_____

Morgens

Hier bitte
Selfies zeichnen!

Ich, morgens.

Mittags

Ich, mittags.

Abends

Ich, abends.

Nachts

Ich, nachts.

Datum: _____ Hier bin ich: _____

So fühle ich mich gerade:

	ja	nein	etwas			ja	nein	etwas
glücklich	☐	☐	☐		cool	☐	☐	☐
erfüllt	☐	☐	☐		scharf	☐	☐	☐
bedrückt	☐	☐	☐		schläfrig	☐	☐	☐
verrückt	☐	☐	☐		_____	☐	☐	☐

So viel Geld habe ich heute ausgegeben: _____

Und dafür habe ich es ausgegeben: _____

_____

Ein mitgehörter
Satz:

Ojeoje: _____

_____

WOW! _____

_____

Verbesserungsvorschlag für die nächste Reise: _____

_____

Mein Held des Tages:

Hier gibt es eindeutig zu viele
☐ Mücken ☐ Touristen ☐ Straßenhändler ☐ _____
Und zu wenig ☐ Kaffee ☐ Platz ☐ Ruhe ☐ _____

Füllstand meiner Reisekasse:
    0 % [▬▬▬▬▬▬▬▬] 100 %

Das vermisse ich ☐ gerade ☐ nicht :_____
_____

Gesehen :_____
Gehört :_____
Gerochen :_____
Gelernt :_____
Ge_____   :_____

Datum:_____ Hier bin ich:_____

Das Interessanteste, das ich
heute in den Händen hielt:

Das habe ich heute gesehen:
Geheimnisvolle Orte: ☐ Stück. Details:_____
_____

Exotische Tiere: ☐ Stück. Details:_____
_____

Ein ☐grandioses ☐enttäuschendes Ereignis:_____
_____
_____

Heute war ein besonderer Tag, ☐weil ☐obwohl_____
_____
_____

Mein abschließendes Urteil über den Tag: ☐👍 ☐👎

Datum: _____ Hier bin ich: _____

Heute bin ich:

	ja	nein	etwas		ja	nein	etwas
hübsch	☐	☐	☐	drollig	☐	☐	☐
faul	☐	☐	☐	präzise	☐	☐	☐
quirlig	☐	☐	☐	romantisch	☐	☐	☐
interessiert	☐	☐	☐	_____	☐	☐	☐

So klingt dieser Ort: _____

_____

Unbedingt ☐vermeiden ☐machen: _____

_____

Meine To-do-Liste
für morgen:

Ein kleiner Moment für die Ewigkeit: _____

_____

_____

Datum: _____ Hier bin ich: _____

Ich fühle mich:

	ja	nein	etwas			ja	nein	etwas
fantastisch	☐	☐	☐	pragmatisch		☐	☐	☐
fein	☐	☐	☐	überflüssig		☐	☐	☐
gemein	☐	☐	☐	_____		☐	☐	☐

Heute habe ich _____
_____
_____
_____ . Das muss ich unbedingt _____ erzählen!

Das könnte ich gerade ☐ sehr gut ☐ gar nicht gebrauchen: _____
_____
_____

So erholt bin ich: 0 % [▓▓▓▓▓▓▓▓▓] 100 %

Die seltsamste Begebenheit der letzten Tage: _____
_____
_____

Ich müsste mal wieder _____

Datum:_____   Hier bin ich:_____

In meinem Handgepäck
befindet sich:

So viel Zeit verbracht mit:

Rumsitzen: [ ] Stunden   Schlafen: [ ] Stunden

Flanieren: [ ] Stunden   _____: [ ] Stunden

Der WAHNSINN:_____

_____

_____

Das lief im Radio:_____

_____

Das werde ich ☐ sehr ☐ gar nicht vermissen, wenn ich wieder
zu Hause bin:_____

_____

Diese Strecken habe ich heute zurückgelegt:

   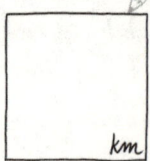

km   km   km   km

Heute früh habe ich _____

_____, danach war ich

_____)

und abends habe ich dann _____

_____

Diese Sprachen habe ich gehört: _____

_____

Das hätte ich gerne vorgespult: _____

_____

Und das zurück: _____

_____

Das war wirklich ☐sonderbar ☐einzigartig ☐unglaublich:

_____

_____

Datum: _____ Hier bin ich: _____

So bin ich heute:

	ja	nein	etwas			ja	nein	etwas
bescheiden	☐	☐	☐	reizend		☐	☐	☐
behäbig	☐	☐	☐	relaxed		☐	☐	☐
furchtlos	☐	☐	☐	_____		☐	☐	☐

Ich habe zum ersten Mal _____

_____

Es war ☐ wirklich schön ☐ fürchterlich ☐ _____

Heimweh? ☐ ja ☐ nein ☐ ein wenig
Warum? _____

_____

Abenteuerlust: 0% [   ] 100%

Das ☐ muss ☐ will ich mir unbedingt merken: _____

_____

Geheimtipp des Tages: _____

_____

_____

So fühle ich mich:

	ja	nein	etwas			ja	nein	etwas
frisch	☐	☐	☐	edel		☐	☐	☐
frei	☐	☐	☐	rasant		☐	☐	☐
fürsorglich	☐	☐	☐	gespannt		☐	☐	☐
behaglich	☐	☐	☐	dehydriert		☐	☐	☐
verzagt	☐	☐	☐	....		☐	☐	☐

Das war für heute geplant: ....
....
....

Und das habe ich tatsächlich gemacht: ....
....
....

Das ☐ Leckerste ☐ Ekeligste, das ich gegessen habe: ....
....
....

Das will ich ☐ gerne ☐ auf keinen Fall wiederholen: ....
....
....

Datum: _____ Hier bin ich: _____

Mein heutiges Reiseoutfit:
(einzeichnen)

So viel Geld habe ich heute ausgegeben für
Übernachtung: _____ Freizeit: _____
Essen: _____ Sonstiges: _____

Das war ein kleines bisschen ☐ enttäuschend ☐ lustig: _____
_____
_____

So dreckig sind meine Schuhe: 0% [▓▓▓▓▓▓▓▓] 100 %

Echt außergewöhnlich: _____
_____

Neue Erfahrungen gemacht? ☐ nein ☐ ja, diese: _____
_____

Datum:_____ Hier bin ich:_____

So sehen hier die Steckdosen aus:

(Details einzeichnen)

Heute habe ich _____

_____

_____

_____. Es war echt ☐toll ☐blöd.

Neue Wörter gelernt? ☐nein ☐ja, diese:_____

_____

Heute bin ich ☐ % Weltenbummler, ☐ % Stubenhocker

und ☐ %_____

Das war ☐etwas ☐gar nicht verwirrend:_____

_____

Wäre ich jetzt gerne woanders? ☐nein ☐ja, hier:_____

_____

Datum: _____ Hier bin ich: _____

So war ...

	gut	mittel	schlecht			gut	mittel	schlecht
... die Nacht	☐	☐	☐	... die Laune		☐	☐	☐
... das Wetter	☐	☐	☐	... die Aussicht		☐	☐	☐
... das Essen	☐	☐	☐	_____		☐	☐	☐

☐ Heute ☐ in den letzten Tagen ist etwas Unglaubliches passiert:

_____ Das werde ich (vermutlich) niemals vergessen!

Fotos gemacht: ☐ Stück

Lieblingsmotiv: _____

So voll ist mein Akku: 0% ▉▉▉▉▉▉▉▉▉▉ 100 %

Darauf ☐ freue ich mich ☐ freue ich mich nicht: _____

Der lustigste Moment des Tages: _____

Datum:_____ Hier bin ich:_____

In diesem Moment bin ich:

	ja	nein	etwas		ja	nein	etwas
enthusiastisch	☐	☐	☐	witzig	☐	☐	☐
elastisch	☐	☐	☐	entspannt	☐	☐	☐
pragmatisch	☐	☐	☐	_____	☐	☐	☐

Erste Eindrücke nach dem Aufstehen:_____
_____
_____

Schöne Orte entdeckt: ☐ Stück. Namen:_____
_____

Menschen getroffen: ☐ Stück. Namen:_____
_____

So fit bin ich: 0% ▮▮▮▮▮▮▮▮▮▮ 100%

Das hatte ich beim Packen nicht bedacht:_____
_____

Besondere Vorkommnisse: ☐ nein ☐ ja, diese:_____
_____

Das lag auf meinem Frühstückstisch:

(einzeichnen)

Den besten Kaffee gibt's übrigens hier:_____

_____

Und da den schlechtesten:_____

_____

Das ☐ muss man ☐ muss man nicht unbedingt mit eigenen

Augen gesehen haben:_____

_____

Das stand SO nicht im Reiseführer:_____

_____

_____

Entdeckung des Tages:_____

_____

Datum:_____ Hier bin ich:_____

Das Wort des Tages:

Der Ort, an dem ich mich aufhalte, ist berühmt für_____
_____
_____

So begrüßt man sich hier:_____
_____

Zeitverschiebung zu meinem Heimathafen: ☐ Stunden

Das ist genial:_____
_____, aber das geht echt gar nicht:_____
_____

Das ☐ Wundervollste ☐ Sonderbarste, das ich heute sah:_____
_____
_____

Datum: _____ Hier bin ich: _____

Ich fühle mich:

	ja	nein	etwas			ja	nein	etwas
märchenhaft	☐	☐	☐	gesellig		☐	☐	☐
interessant	☐	☐	☐	geliebt		☐	☐	☐
matt	☐	☐	☐	_____		☐	☐	☐

Heute hatte ich ☐keine ☐viele Pläne. Das habe ich gemacht:

_____

_____

_____

Es war ☐umwerfend ☐ernüchternd, weil _____

_____

_____

Das fehlt mir von zu Hause: _____

_____

Postkarten verschickt? ☐nein ☐ja, [____] Stück
Empfänger: _____

Ich könnte mal wieder _____

_____

Heute bin ich:

	ja	nein	etwas		ja	nein	etwas
witzig	☐	☐	☐	zuverlässig	☐	☐	☐
emotional	☐	☐	☐	positiv	☐	☐	☐
radikal	☐	☐	☐	höflich	☐	☐	☐
unauffällig	☐	☐	☐	athletisch	☐	☐	☐
verschlossen	☐	☐	☐	_____	☐	☐	☐

So viel Zeit habe ich verbracht mit

Wandern: ☐ Stunden   Faulsein: ☐ Stunden

Essen: ☐ Stunden   Lesen: ☐ Stunden

Baden: ☐ Stunden   _____ : ☐ Stunden

Über Mitreisende geärgert? ☐ nein ☐ ja, ☐ Stück
Namen: _____

Das ☐ genieße ☐ vermisse ich gerade: _____
_____

Dieser ☐ Gedanke ☐ Satz ist mein Souvenir für diesen Tag:
_____
_____

Datum: ________________ Hier bin ich: ______________________

Meine Aktivitätskurve:

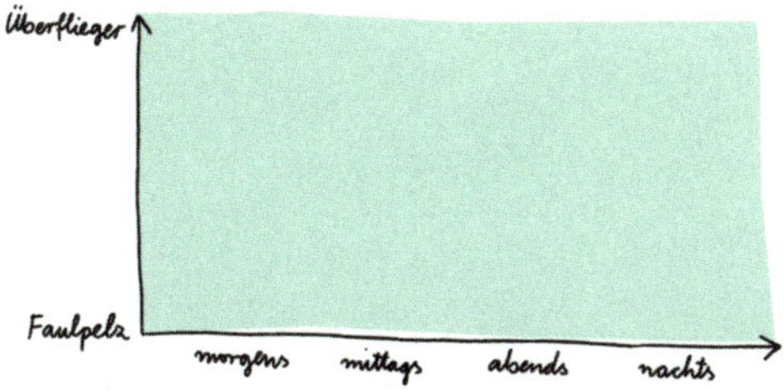

Überflieger
Faulpelz
morgens
mittags
abends
nachts

Heute habe ich meinen Augen nicht getraut, weil ______________

____

____

Das habe ich gekauft: ________________________________

________________. Es war ☐ billiger ☐ teurer als zu Hause.

So viel verstehe ich von der Sprache hier: 0% ▭ 100%

Diese Geräusche sind ganz typisch für hier: ________________

____

Das hat mich ☐ amüsiert ☐ genervt: ____________________

____

____

Da habe ich geschlafen:
(Zeichne dein Bett)

Erste Gedanken nach dem Aufwachen: _____
_____

Bettwanzen, Flöhe, sonstiges Ungeziefer?
☐ Nicht dass ich wüsste! ☐ Seufz, ja, folgendes: _____
_____

Die Farbe des Himmels: _____

Ich fühle mich wie ein ☐ Einheimischer ☐ Tourist ☐ Alien,
weil _____
_____

Ein ☐ einzigartiges ☐ enttäuschendes Erlebnis: _____
_____
_____

Datum: _____ Hier bin ich: _____

So fühle ich mich:

	ja	nein	etwas			ja	nein	etwas
leise	☐	☐	☐	kräftig	☐	☐	☐
weise	☐	☐	☐	freundlich	☐	☐	☐
wild	☐	☐	☐	wundersam	☐	☐	☐
gechillt	☐	☐	☐	_____	☐	☐	☐

Heute habe ich _____

_____

_____, morgen werde ich _____

_____

Interessantes Fundstück: _____

_____

So viel Lust habe ich gerade aufs Reisen:

0% [_____] 10000 %

Drei außergewöhnliche Dinge, die ich heute gesehen habe:

1. _____

2. _____

3. _____

Datum:_____ Hier bin ich:_____

So war ...

	gut	mittel	schlecht		gut	mittel	schlecht
... mein Frühstück	☐	☐	☐	... meine Begleitung	☐	☐	☐
... mein Tag	☐	☐	☐	... meine Laune	☐	☐	☐
... das Wetter	☐	☐	☐	... _____	☐	☐	☐

Wenn ich mich umschaue, sehe ich _____

_____

Ich rieche _____
Ich höre _____

_____

und die Luft ist _____
Insgesamt ist es hier also ziemlich ☐ schön ☐ schrecklich.

Das ☐ lustigste ☐ skurrilste ☐ _____ Erlebnis des Tages:

_____

_____

_____

Daran will ich mich unbedingt erinnern:_____

_____

_____

100

Der Zustand meines Körpers:

(Wehwehchen, Sonnenbrand,

Sonnenbräune, Mückenstiche ...)

Interessante Menschen kennengelernt? ⬜ Stück

Namen: ....

Diese ⬜ Orte ⬜ Sehenswürdigkeiten habe ich gesehen: ....

....

....

Echt ⬜ lecker ⬜ extrem unlecker: ....

....

Darauf kann ich gerade ⬜ gut ⬜ nicht verzichten: ....

....

Das möchte ich mir noch ansehen, bevor die Reise zu Ende ist:

....

....

Datum: _____ Hier bin ich: _____

Der Blick aus meinem Fenster:
(zeichne so schnell
wie möglich!)

☐ bei Tag
☐ bei Nacht

Das hatte ich heute an: _____

_____

Der Anblick ☐ des ☐ der _____

_____

_____ hat mich absolut ☐ überwältigt ☐ unterwältigt.

Das könnte ich ☐ Mama ☐ der Blumengießerin ☐ _____
mitbringseln: _____

_____

Darüber habe ich mich ☐ gefreut ☐ aufgeregt: _____

_____

_____

_____

Datum: _____ Hier bin ich: _____

Ich fühle mich:

	ja	nein	etwas			ja	nein	etwas
reich	☐	☐	☐	ehrlich		☐	☐	☐
weich	☐	☐	☐	gefährlich		☐	☐	☐
großartig	☐	☐	☐	_____		☐	☐	☐

So viel Strecke habe ich heute zurückgelegt: ☐ ☐ m ☐ km

Blasen am Fuß? ☐ nein ☐ ja, ☐ Stück

Etwas Neues gelernt? ☐ nein ☐ ja, das: _____
_____

Davon hatte ich mir mehr erhofft: _____
_____

Aber davon wurden meine Erwartungen mehr als übertroffen:
_____

Der Tag in drei Worten:

So fühle ich mich:

	ja	nein	etwas		ja	nein	etwas
selbstsicher	☐	☐	☐	kreativ	☐	☐	☐
hübsch	☐	☐	☐	abgebrüht	☐	☐	☐
neugierig	☐	☐	☐	aufgeschlossen	☐	☐	☐
dynamisch	☐	☐	☐	_____	☐	☐	☐

Eine interessante neue Erfahrung:_____
_____
_____

So erschöpft bin ich: 0 ———————————— 10

So sagt man hier

Danke:_____

Guten Tag:_____

_____:_____

Habe ich heute genug erlebt?

☐ ja, das:_____

☐ nein, das hätte ich gerne noch gemacht:_____

_____

Datum:_____ Hier bin ich:_____

Das lag auf
meinem Teller:
(und so hab ichs
gegessen)

☐ ☐

☐

Heute bin ich um ☐ Uhr in _____

_____ aufgewacht.

Es war ☐ sehr verwirrend ☐ wundervoll ☐_____

Das war sehr überraschend:_____

_____

Da wäre ich jetzt lieber:_____
Wieso?_____

_____

Heute war ein ☐ spezieller ☐ durchschnittlicher ☐ extrem öder
Reisetag, weil _____

_____

_____

Datum: _____ Hier bin ich: _____

Meine Laune:

(☺) ☐   (😐) ☐   (☹) ☐   (··) ☐

Das war heute so los: _____
_____
_____
_____

Laaaaaaaaaaaaaaaaaaaangweilig: _____

Aber das fand ich ziemlich super: _____

Und das sogar noch superer: _____
_____
_____

Davon werde ich zu Hause erzählen: _____
_____
_____

Datum:_____   Hier bin ich:_____

So fühle ich mich:

	ja	nein	etwas			ja	nein	etwas
ehrlich	☐	☐	☐	fröhlich		☐	☐	☐
sprachlos	☐	☐	☐	mysteriös		☐	☐	☐
kraftvoll	☐	☐	☐	_____		☐	☐	☐

Da schlafe ich heute:_____

_____

Das riecht gerade etwas seltsam:

☐meine Füße ☐die Matratze ☐_____

Stört mich das? ☐ja ☐nein

Das vermisse ich gerade:_____

_____

So so SO schön:_____

_____

Ein unvergesslicher Augenblick:_____

_____

_____

Heute fühle ich mich:

	ja	nein	etwas			ja	nein	etwas
aktiv	☐	☐	☐	redselig		☐	☐	☐
sympathisch	☐	☐	☐	hemmungslos		☐	☐	☐
beflügelt	☐	☐	☐	....		☐	☐	☐

So ist das Wetter: ☐ ☐ ☐ ☐

Mein Song des Tages:_____

Diese Grenzen habe ich ☐heute ☐in der letzten Zeit überschritten
☐Landesgrenzen ☐meine eigenen Grenzen
Details:_____
_____
_____

Nie wieder :_____

Ich ☐freue mich ☐freue mich nicht auf zu Hause, weil_____
_____
_____

Mein Tag als Tortendiagramm:
(vervollständigen)

▨ Tagebuchschreiben
▦ Schlafen
/// Essen
〰 Entdecken
▦ _____
▦ _____
▧ _____

Damit habe ich mir den Bauch vollgeschlagen: _____
_____
_____

□ WOW! □ pfui... □ _____

Wann habe ich eigentlich das letzte Mal geduscht?
Vor [____] □ Stunden □ Tagen □ Wochen
Und wo? _____

Das habe ich heute gelernt: _____
_____
_____
_____

Dieser schräge Vogel ist
mir heute begegnet:
(einzeichnen)

So viel Zeit habe ich verbracht mit

Shopping: ☐ Stunden   in Cafés sitzen: ☐ Stunden

Schlafen: ☐ Stunden   Entdecken: ☐ Stunden

Schlendern: ☐ Stunden   _____ ☐ Stunden

Das habe ich zum ersten Mal gesehen: _____
_____

Das muss ich unbedingt ☐ nachholen ☐ vermeiden: _____
_____
_____

Highlight des Tages: _____
_____

Tiefpunkt des Tages: _____
_____

Datum: _____ Hier bin ich: _____

So fühle ich mich:

	ja	nein	etwas			ja	nein	etwas
geheimnisvoll	☐	☐	☐	ausgelassen		☐	☐	☐
fröhlich	☐	☐	☐	verwöhnt		☐	☐	☐
eifrig	☐	☐	☐	königlich		☐	☐	☐
mitfühlend	☐	☐	☐	....		☐	☐	☐

Heute morgen habe ich: _____

_____

Viel lieber hätte ich: _____

Der Blick aus meinem Fenster ist ☐ Wahnsinn! ☐ relativ trostlos,
weil _____

_____

So erfüllt bin ich gerade: 0% ▮▮▮▮▮▮▮▮▮▮ 100%

Eine nette kleine ☐ Anekdote ☐ Katastrophe der letzten Tage:

_____

_____

_____

_____

Datum:_____ Hier bin ich:_____

Mein kurzes Tagesprotokoll:

2:00

4:00

6:00

8:00

10:00

12:00

14:00

16:00

18:00

20:00

22:00

24:00

Datum:_____ Hier bin ich:_____

Der Zustand meiner Füße:

links   rechts

Das erste Geräusch, das ich nach dem Aufwachen höre:_____
_____

Das ☐ ist toll ☐ nervt total.

Das ist ganz anders als zu Hause:_____
_____

Und das ziemlich ähnlich:_____
_____

Neue Vokabeln:

Davon werde ich noch meinen Enkeln erzählen:_____
_____
_____

Datum:_____ Hier bin ich:_____

Meine Aufwachfrisur:
(einzeichnen)

Das ist heute ☐Spannendes ☐Langweiliges passiert:_____

_____

_____

_____

Diese Sprache sprechen die Leute hier:_____
Ich kann ☐alles ☐gar nichts ☐ca.☐☐% verstehen.

Das ist hier unglaublich ☐teuer ☐billig:_____

_____

Das hätte ich ☐gerne ☐lieber nicht vorher gewusst:_____

_____

_____

Datum:_____ Hier bin ich:_____

Ich fühle mich:

	ja	nein	etwas			ja	nein	etwas
faszinierend	☐	☐	☐	mutig		☐	☐	☐
fantasievoll	☐	☐	☐	anmutig		☐	☐	☐
wissbegierig	☐	☐	☐	_____		☐	☐	☐

Darüber habe ich mich ☐ sehr ☐ ein wenig ☐ gar nicht gefreut:

_____

_____

_____

Sehenswert:_____

_____

_____

Dumm gelaufen:_____

_____

_____, aber Schwamm drüber!

So hat mir die Reise bisher gefallen: ☐ gut ☐ mittel ☐ schlecht,

weil_____

_____

Datum:_____ Hier bin ich:_____

So fühle ich mich:

	ja	nein	etwas			ja	nein	etwas
temperamentvoll	☐	☐	☐	bezaubernd		☐	☐	☐
passiv	☐	☐	☐	bescheiden		☐	☐	☐
sensibel	☐	☐	☐	ehrlich		☐	☐	☐
schrullig	☐	☐	☐	_____		☐	☐	☐

Heute ist Folgendes passiert:_____
_____
_____

Die Menschen sind hier tendenziell
☐ eher freundlich ☐ eher verschlossen ☐ _____

Der Geschmack des Tages:_____

Da hat der Reiseführer ☐ gelogen ☐ nicht zu viel versprochen:
_____

Das ☐ darf ☐ kann ☐ will ich nicht vergessen:_____
_____
_____

Datum:_____ Hier bin ich:_____

So sehen hier die Hipster aus:

Die Häuser hier sind ☐bunt ☐graugraugrau ☐_____
Weitere Besonderheiten meiner Umgebung:_____
_____
_____

So klingen hier die Sirenen:
☐tatütata ☐düdüdüditt ☐_____

Das macht mich gerade seeeeehr glücklich:_____
_____
_____

Ich liebe diesen Ort: ☐total ☐gar nicht
Warum?_____
_____

Stimmungsbarometer:

so lala

unterirdisch

MEG

Das geht mir gerade auf den Keks: _____
_____
_____

Damit habe ich meine Zeit verbracht: _____
_____
_____

War □toll □doof □ _____

Das gibt es Besonderes auf dem Markt: _____
_____

Schon probiert? □na klar □nein, weil _____
_____

Platz für Notizen: _____
_____

118

Datum:_____ Hier bin ich:_____

Morgens

Hier bitte
Selfies zeichnen!

Ich, morgens.

Mittags

Ich, mittags.

Abends

Ich, abends.

Nachts

Ich, nachts.

Datum:_____ Hier bin ich:_____

So fühle ich mich gerade:

	ja	nein	etwas			ja	nein	etwas
glücklich	☐	☐	☐	cool		☐	☐	☐
erfüllt	☐	☐	☐	scharf		☐	☐	☐
bedrückt	☐	☐	☐	schläfrig		☐	☐	☐
verrückt	☐	☐	☐			☐	☐	☐

So viel Geld habe ich heute ausgegeben:_____

Und dafür habe ich es ausgegeben:_____

_____

Ein mitgehörter
Satz:

Ojeoje:_____

_____

WOW!_____

_____

Verbesserungsvorschlag für die nächste Reise:_____

_____

Datum:_____ Hier bin ich:_____

Mein Held des Tages:

Hier gibt es eindeutig zu viele
☐Mücken ☐Touristen ☐Straßenhändler ☐ _____
Und zu wenig ☐Kaffee ☐Platz ☐Ruhe ☐ _____

Füllstand meiner Reisekasse:
0 % [████████████] 100 %

Das vermisse ich ☐gerade ☐nicht :_____
_____

Gesehen: _____
Gehört: _____
Gerochen: _____
Gelernt: _____
Ge_____:_____

Das Interessanteste, das ich
heute in den Händen hielt:

Das habe ich heute gesehen:
Geheimnisvolle Orte: ☐ Stück. Details: _____

_____

Exotische Tiere: ☐ Stück. Details: _____

_____

Ein ☐grandioses ☐enttäuschendes Ereignis: _____

_____

_____

Heute war ein besonderer Tag, ☐weil ☐obwohl _____

_____

_____

Mein abschließendes Urteil über den Tag: ☐👍 ☐👎

Datum:_____ Hier bin ich:_____

Heute bin ich:

	ja	nein	etwas			ja	nein	etwas
hübsch	☐	☐	☐	drollig		☐	☐	☐
faul	☐	☐	☐	präzise		☐	☐	☐
quirlig	☐	☐	☐	romantisch		☐	☐	☐
interessiert	☐	☐	☐	_____		☐	☐	☐

So klingt dieser Ort:_____

_____

Unbedingt ☐vermeiden ☐machen:_____

_____

Meine To-do-Liste
für morgen:

Ein kleiner Moment für die Ewigkeit:_____

_____

_____

Datum: _____ Hier bin ich: _____

Ich fühle mich:

	ja	nein	etwas			ja	nein	etwas
fantastisch	☐	☐	☐		pragmatisch	☐	☐	☐
fein	☐	☐	☐		überflüssig	☐	☐	☐
gemein	☐	☐	☐	_____		☐	☐	☐

Heute habe ich _____

_____

_____ . Das muss ich unbedingt _____ erzählen!

Das könnte ich gerade ☐ sehr gut ☐ gar nicht gebrauchen: _____

_____

_____

So erholt bin ich: 0 % ▭▭▭▭▭▭ 100 %

Die seltsamste Begebenheit der letzten Tage: _____

_____

_____

Ich müsste mal wieder _____

Datum:_____ Hier bin ich:_____

In meinem Handgepäck
befindet sich:

So viel Zeit verbracht mit:

Rumsitzen: [____] Stunden   Schlafen: [____] Stunden

Flanieren: [____] Stunden   _____: [____] Stunden

Der WAHNSINN:_____

_____ _____

_____

Das lief im Radio:_____

_____

Das werde ich ☐ sehr ☐ gar nicht vermissen, wenn ich wieder
zu Hause bin:_____

_____

Diese Strecken habe ich heute zurückgelegt:

 km  km 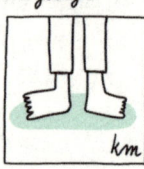 km  km

Heute früh habe ich _____

_____, danach war ich

_____,)

und abends habe ich dann _____

_____

Diese Sprachen habe ich gehört: _____

_____

Das hätte ich gerne vorgespult: _____

_____

Und das zurück: _____

_____

Das war wirklich ☐sonderbar ☐einzigartig ☐unglaublich:

_____

_____

Datum: .... Hier bin ich: ....

So bin ich heute:

	ja	nein	etwas		ja	nein	etwas
bescheiden	☐	☐	☐	reizend	☐	☐	☐
behäbig	☐	☐	☐	relaxed	☐	☐	☐
furchtlos	☐	☐	☐	....	☐	☐	☐

Ich habe zum ersten Mal ....

....

Es war ☐ wirklich schön ☐ fürchterlich ☐ ....

Heimweh? ☐ ja ☐ nein ☐ ein wenig

Warum? ....

....

Abenteuerlust: 0% ▭ 100%

Das ☐ muss ☐ will ich mir unbedingt merken: ....

....

Geheimtipp des Tages: ....

....

....

So fühle ich mich:

	ja	nein	etwas			ja	nein	etwas
frisch	☐	☐	☐	edel		☐	☐	☐
frei	☐	☐	☐	rasant		☐	☐	☐
fürsorglich	☐	☐	☐	gespannt		☐	☐	☐
behaglich	☐	☐	☐	dehydriert		☐	☐	☐
verzagt	☐	☐	☐	_____		☐	☐	☐

Das war für heute geplant: _____

_____

Und das habe ich tatsächlich gemacht: _____

_____

_____

Das ☐ Leckerste ☐ Ekeligste, das ich gegessen habe: _____

_____

_____

Das will ich ☐ gerne ☐ auf keinen Fall wiederholen: _____

_____

_____

Mein heutiges Reiseoutfit:
(einzeichnen)

So viel Geld habe ich heute ausgegeben für

Übernachtung: _____ Freizeit: _____

Essen: _____ Sonstiges: _____

Das war ein kleines bisschen ☐ enttäuschend ☐ lustig: _____

_____

_____

So dreckig sind meine Schuhe: 0% [░░░░░░░░░░░░] 100%

Echt außergewöhnlich: _____

_____

Neue Erfahrungen gemacht? ☐ nein ☐ ja, diese: _____

_____

So sehen hier die Steckdosen aus:

(Details einzeichnen)

Heute habe ich _____

_____

_____

_____. Es war echt ☐toll ☐blöd.

Neue Wörter gelernt? ☐nein ☐ja, diese: _____

_____

Heute bin ich [   ] % Weltenbummler, [   ] % Stubenhocker

und [   ] % _____

Das war ☐etwas ☐gar nicht verwirrend: _____

_____

Wäre ich jetzt gerne woanders? ☐nein ☐ja, hier: _____

_____

Datum:_____ Hier bin ich:_____

So war ...

	gut	mittel	schlecht			gut	mittel	schlecht
... die Nacht	☐	☐	☐		... die Laune	☐	☐	☐
... das Wetter	☐	☐	☐		... die Aussicht	☐	☐	☐
... das Essen	☐	☐	☐		_____	☐	☐	☐

☐ Heute ☐ in den letzten Tagen ist etwas Unglaubliches passiert:

_____ Das werde ich (vermutlich) niemals vergessen!

Fotos gemacht: [   ] Stück
Lieblingsmotiv:_____

So voll ist mein Akku: 0% [▓▓▓▓▓▓▓▓▓▓] 100 %

Darauf ☐ freue ich mich ☐ freue ich mich nicht:_____

Der lustigste Moment des Tages:_____

Datum:_____ Hier bin ich:_____

In diesem Moment bin ich:

	ja	nein	etwas			ja	nein	etwas
enthusiastisch	☐	☐	☐	witzig		☐	☐	☐
elastisch	☐	☐	☐	entspannt		☐	☐	☐
pragmatisch	☐	☐	☐	_____		☐	☐	☐

Erste Eindrücke nach dem Aufstehen:_____
_____
_____

Schöne Orte entdeckt: ☐ Stück. Namen:_____
_____

Menschen getroffen: ☐ Stück. Namen:_____
_____

So fit bin ich: 0% [▮▮▮▮▮▮▮▮▮▮▮▮] 100%

Das hatte ich beim Packen nicht bedacht:_____
_____

Besondere Vorkommnisse: ☐ nein ☐ ja, diese:_____
_____

Das lag auf meinem Frühstückstisch :

(einzeichnen)

Den besten Kaffee gibt's übrigens hier :..................................

Und da den schlechtesten :..................................

Das ☐ muss man ☐ muss man nicht unbedingt mit eigenen

Augen gesehen haben :..................................

Das stand SO nicht im Reiseführer :..................................

Entdeckung des Tages :..................................

Datum: _____ Hier bin ich: _____

Das Wort des Tages:

Der Ort, an dem ich mich aufhalte, ist berühmt für _____
_____
_____

So begrüßt man sich hier: _____
_____

Zeitverschiebung zu meinem Heimathafen: ☐ Stunden

Das ist genial: _____
_____, aber das geht echt gar nicht: _____
_____

Das ☐ Wundervollste ☐ Sonderbarste, das ich heute sah: _____
_____
_____

Datum: _____ Hier bin ich: _____

Ich fühle mich:

	ja	nein	etwas			ja	nein	etwas
märchenhaft	☐	☐	☐	gesellig		☐	☐	☐
interessant	☐	☐	☐	geliebt		☐	☐	☐
matt	☐	☐	☐	_____		☐	☐	☐

Heute hatte ich ☐keine ☐viele Pläne. Das habe ich gemacht:

_____

_____

_____

Es war ☐umwerfend ☐ernüchternd, weil _____

_____

_____

Das fehlt mir von zu Hause: _____

_____

Postkarten verschickt? ☐nein ☐ja, [____]Stück

Empfänger: _____

Ich könnte mal wieder _____

_____

Heute bin ich:

	ja	nein	etwas			ja	nein	etwas
witzig	☐	☐	☐	zuverlässig		☐	☐	☐
emotional	☐	☐	☐	positiv		☐	☐	☐
radikal	☐	☐	☐	höflich		☐	☐	☐
unauffällig	☐	☐	☐	athletisch		☐	☐	☐
verschlossen	☐	☐	☐	_____		☐	☐	☐

So viel Zeit habe ich verbracht mit

Wandern: ☐ Stunden Faulsein: ☐ Stunden

Essen: ☐ Stunden Lesen: ☐ Stunden

Baden: ☐ Stunden _____ : ☐ Stunden

Über Mitreisende geärgert? ☐nein ☐ja, ☐ Stück
Namen: _____

Das ☐genieße ☐vermisse ich gerade: _____
_____

Dieser ☐Gedanke ☐Satz ist mein Souvenir für diesen Tag:
_____
_____

Datum:_____ Hier bin ich:_____

Meine Aktivitätskurve:

Überflieger ↑

Faulpelz ⌐→
        morgens   mittags   abends   nachts

Heute habe ich meinen Augen nicht getraut, weil _____
_____
_____

Das habe ich gekauft:_____
_____. Es war ☐billiger ☐teurer als zu Hause.

So viel verstehe ich von der Sprache hier: 0% [_____] 100%

Diese Geräusche sind ganz typisch für hier:_____
_____

Das hat mich ☐amüsiert ☐genervt:_____
_____
_____

Da habe ich geschlafen:
(Zeichne dein Bett)

Erste Gedanken nach dem Aufwachen: _ _ _ _ _ _ _ _ _ _ _ _ _ _ _ _
_ _

Bettwanzen, Flöhe, sonstiges Ungeziefer?
☐ Nicht dass ich wüsste! ☐ Seufz, ja, folgendes: _ _ _ _ _ _ _ _
_ _

Die Farbe des Himmels: _

Ich fühle mich wie ein ☐ Einheimischer ☐ Tourist ☐ Alien,
weil _
_ _

Ein ☐ einzigartiges ☐ enttäuschendes Erlebnis: _ _ _ _ _ _ _ _
_ _

So fühle ich mich:

	ja	nein	etwas			ja	nein	etwas
leise	☐	☐	☐	kräftig		☐	☐	☐
weise	☐	☐	☐	freundlich		☐	☐	☐
wild	☐	☐	☐	wundersam		☐	☐	☐
gechillt	☐	☐	☐	_____		☐	☐	☐

Heute habe ich _____

_____

_____, morgen werde ich _____

_____

Interessantes Fundstück: _____

_____

So viel Lust habe ich gerade aufs Reisen:

0% [▇▇▇▇▇▇▇▇▇▇▇▇▇▇▇▇▇▇▇▇▇▇▇] 10000 %

Drei außergewöhnliche Dinge, die ich heute gesehen habe:

1. _____

2. _____

3. _____

So war ...

	gut	mittel	schlecht			gut	mittel	schlecht
... mein Frühstück	☐	☐	☐	... meine Begleitung		☐	☐	☐
... mein Tag	☐	☐	☐	... meine Laune		☐	☐	☐
... das Wetter	☐	☐	☐	... _____		☐	☐	☐

Wenn ich mich umschaue, sehe ich _____

_____

Ich rieche _____

Ich höre _____

_____

und die Luft ist _____

Insgesamt ist es hier also ziemlich ☐ schön ☐ schrecklich.

Das ☐ lustigste ☐ skurrilste ☐ _____ Erlebnis des Tages:

_____

_____

_____

Daran will ich mich unbedingt erinnern: _____

_____

_____

Datum: _____ Hier bin ich: _____

Der Zustand meines Körpers:

(Wehwehchen, Sonnenbrand,

Sonnenbräune, Mückenstiche...)

Interessante Menschen kennengelernt? ☐ Stück
Namen: _____

Diese ☐ Orte ☐ Sehenswürdigkeiten habe ich gesehen: _____
_____
_____

Echt ☐ lecker ☐ extrem unlecker: _____
_____

Darauf kann ich gerade ☐ gut ☐ nicht verzichten: _____
_____

Das möchte ich mir noch ansehen, bevor die Reise zu Ende ist:
_____
_____

Der Blick aus meinem Fenster:

(zeichne so schnell
wie möglich!)

☐ bei Tag
☐ bei Nacht

Das hatte ich heute an:_____

_____

Der Anblick ☐ des ☐ der _____

_____ hat mich absolut ☐ überwältigt ☐ unterwältigt.

Das könnte ich ☐ Mama ☐ der Blumengießerin ☐ _____
mitbringseln: _____

_____

Darüber habe ich mich ☐ gefreut ☐ aufgeregt: _____

_____

_____

_____

Datum:_____ Hier bin ich:_____

Ich fühle mich:

	ja	nein	etwas		ja	nein	etwas
reich	☐	☐	☐	ehrlich	☐	☐	☐
weich	☐	☐	☐	gefährlich	☐	☐	☐
großartig	☐	☐	☐	_____	☐	☐	☐

So viel Strecke habe ich heute zurückgelegt: [   ] ☐ m ☐ km

Blasen am Fuß? ☐ nein ☐ ja, [   ] Stück

Etwas Neues gelernt? ☐ nein ☐ ja, das:_____
_____

Davon hatte ich mir mehr erhofft:_____
_____

Aber davon wurden meine Erwartungen mehr als übertroffen:
_____

Der Tag in drei Worten:

Datum: _____ Hier bin ich: _____

So fühle ich mich:

	ja	nein	etwas			ja	nein	etwas
selbstsicher	☐	☐	☐	kreativ		☐	☐	☐
hübsch	☐	☐	☐	abgebrüht		☐	☐	☐
neugierig	☐	☐	☐	aufgeschlossen		☐	☐	☐
dynamisch	☐	☐	☐	_____		☐	☐	☐

Eine interessante neue Erfahrung: _____
_____
_____

So erschöpft bin ich:
0   10

So sagt man hier

Danke: _____

Guten Tag: _____
_____

Habe ich heute genug erlebt?

☐ ja, das: _____

☐ nein, das hätte ich gerne noch gemacht: _____
_____

Datum: _____ Hier bin ich: _____

Das lag auf
meinem Teller:

(und so hab ichs
gegessen)

Heute bin ich um [ ] Uhr in _____

_____ aufgewacht.

Es war ☐ sehr verwirrend ☐ wundervoll ☐ _____

Das war sehr überraschend: _____

_____

Da wäre ich jetzt lieber: _____
Wieso? _____

_____

Heute war ein ☐ spezieller ☐ durchschnittlicher ☐ extrem öder
Reisetag, weil _____

_____

_____

Meine Laune:

(☺) ☐   (ᵔ) ☐   (☹) ☐   (··) ☐

Das war heute so los: _____
_____
_____
_____

Laaaaaaaaaaaaaaaaaaaangweilig: _____
_____

Aber das fand ich ziemlich super: _____
_____

Und das sogar noch superer: _____
_____
_____

Davon werde ich zu Hause erzählen: _____
_____
_____
_____

Datum: _____ Hier bin ich: _____

So fühle ich mich:

	ja	nein	etwas		ja	nein	etwas
ehrlich	☐	☐	☐	fröhlich	☐	☐	☐
sprachlos	☐	☐	☐	mysteriös	☐	☐	☐
kraftvoll	☐	☐	☐	....	☐	☐	☐

Da schlafe ich heute: _____

_____

Das riecht gerade etwas seltsam:
☐ meine Füße ☐ die Matratze ☐ _____
Stört mich das? ☐ ja ☐ nein

Das vermisse ich gerade: _____

_____

So so SO schön: _____

_____

Ein unvergesslicher Augenblick: _____

_____

_____

Datum: _____ Hier bin ich: _____

Heute fühle ich mich:

	ja	nein	etwas			ja	nein	etwas
aktiv	☐	☐	☐	redselig		☐	☐	☐
sympathisch	☐	☐	☐	hemmungslos		☐	☐	☐
beflügelt	☐	☐	☐	_____		☐	☐	☐

So ist das Wetter: ☐ 🌞 ☐ ⛈ ☐ 🌈 ☐ ☐

Mein Song des Tages: _____

Diese Grenzen habe ich ☐ heute ☐ in der letzten Zeit überschritten
☐ Landesgrenzen ☐ meine eigenen Grenzen
Details: _____
_____
_____

Nie wieder: _____

Ich ☐ freue mich ☐ freue mich nicht auf zu Hause, weil _____
_____
_____

148

Mein Tag als Tortendiagramm:

(vervollständigen)

■ Tagebuchschreiben

⋮⋮ Schlafen

⁄⁄⁄ Essen

〰 Entdecken

▦ _____

▦ _____

⫽ _____

Damit habe ich mir den Bauch vollgeschlagen: _____

_____

_____

☐ WOW! ☐ pfui... ☐ _____

Wann habe ich eigentlich das letzte Mal geduscht?

Vor [____] ☐ Stunden ☐ Tagen ☐ Wochen

Und wo? _____

Das habe ich heute gelernt: _____

_____

_____

_____

Datum: _____ Hier bin ich: _____

Dieser schräge Vogel ist
mir heute begegnet:

(einzeichnen)

So viel Zeit habe ich verbracht mit

Shopping: [   ] Stunden   in Cafés sitzen: [   ] Stunden

Schlafen: [   ] Stunden   Entdecken: [   ] Stunden

Schlendern: [   ] Stunden   _____ [   ] Stunden

Das habe ich zum ersten Mal gesehen: _____
_____

Das muss ich unbedingt ☐ nachholen ☐ vermeiden: _____
_____
_____

Highlight des Tages: _____
_____

Tiefpunkt des Tages: _____
_____

Datum:_____ Hier bin ich:_____

So fühle ich mich:

	ja	nein	etwas			ja	nein	etwas
geheimnisvoll	☐	☐	☐	ausgelassen		☐	☐	☐
fröhlich	☐	☐	☐	verwöhnt		☐	☐	☐
eifrig	☐	☐	☐	königlich		☐	☐	☐
mitfühlend	☐	☐	☐	_____		☐	☐	☐

Heute morgen habe ich:_____
_____

Viel lieber hätte ich:_____

Der Blick aus meinem Fenster ist ☐ Wahnsinn! ☐ relativ trostlos,
weil _____
_____

So erfüllt bin ich gerade: 0% [■■■■■■■■■■] 100%

Eine nette kleine ☐ Anekdote ☐ Katastrophe der letzten Tage:
_____
_____
_____
_____

Datum: _____ Hier bin ich: _____

Mein kurzes Tagesprotokoll:

2:00
_____
_____
_____
_____

4:00
_____
_____
_____
_____

6:00
_____
_____
_____
_____

8:00
_____
_____
_____
_____

10:00
_____
_____
_____
_____

12:00
_____
_____
_____
_____

14:00
_____
_____
_____

16:00
_____
_____
_____
_____

18:00
_____
_____
_____
_____

20:00
_____
_____
_____
_____

22:00
_____
_____
_____

24:00
_____
_____
_____

Datum:_____ Hier bin ich:_____

Der Zustand meiner Füße:

links   rechts

Das erste Geräusch, das ich nach dem Aufwachen höre:_____
_____

Das ☐ ist toll ☐ nervt total.

Das ist ganz anders als zu Hause:_____
_____

Und das ziemlich ähnlich:_____
_____

Neue Vokabeln:

Davon werde ich noch meinen Enkeln erzählen:_____
_____
_____

Datum: _____ Hier bin ich: _____

Meine Aufwachfrisur:
(einzeichnen)

Das ist heute ☐Spannendes ☐Langweiliges passiert: _____
_____
_____
_____

Diese Sprache sprechen die Leute hier: _____
Ich kann ☐alles ☐gar nichts ☐ca.☐ % verstehen.

Das ist hier unglaublich ☐teuer ☐billig: _____
_____

Das hätte ich ☐gerne ☐lieber nicht vorher gewusst: _____
_____
_____
_____

Datum: _____ Hier bin ich: _____

Ich fühle mich:

	ja	nein	etwas			ja	nein	etwas
faszinierend	☐	☐	☐	mutig		☐	☐	☐
fantasievoll	☐	☐	☐	anmutig		☐	☐	☐
wissbegierig	☐	☐	☐	_____		☐	☐	☐

Darüber habe ich mich ☐sehr ☐ein wenig ☐gar nicht gefreut:

_____

_____

_____

Sehenswert: _____

_____

_____

Dumm gelaufen: _____

_____

_____, aber Schwamm drüber!

So hat mir die Reise bisher gefallen: ☐gut ☐mittel ☐schlecht,
weil _____

_____

Datum: _____ Hier bin ich: _____

So fühle ich mich:

	ja	nein	etwas		ja	nein	etwas
temperamentvoll	☐	☐	☐	bezaubernd	☐	☐	☐
passiv	☐	☐	☐	bescheiden	☐	☐	☐
sensibel	☐	☐	☐	ehrlich	☐	☐	☐
schrullig	☐	☐	☐	_____	☐	☐	☐

Heute ist Folgendes passiert: _____
_____
_____

Die Menschen sind hier tendenziell
☐ eher freundlich ☐ eher verschlossen ☐ _____

Der Geschmack des Tages: _____

Da hat der Reiseführer ☐ gelogen ☐ nicht zu viel versprochen: _____

Das ☐ darf ☐ kann ☐ will ich nicht vergessen: _____
_____
_____

So sehen hier die Hipster aus:

Die Häuser hier sind ☐ bunt ☐ graugraugrau ☐ _____
Weitere Besonderheiten meiner Umgebung:_____
_____
_____

So klingen hier die Sirenen:
☐ tatütata ☐ düdüdüditt ☐ _____

Das macht mich gerade seeeeehr glücklich:_____
_____
_____

Ich liebe diesen Ort: ☐ total ☐ gar nicht
Warum?_____
_____

Stimmungsbarometer:

so lala

unterirdisch   MEG

Das geht mir gerade auf den Keks:...

....

....

Damit habe ich meine Zeit verbracht:..

....

War ☐ toll ☐ doof ☐ ....

Das gibt es Besonderes auf dem Markt:.......................................

Schon probiert? ☐ na klar ☐ nein, weil...................................

....

Platz für Notizen:..

....

Datum: _____ Hier bin ich: _____

Morgens

Hier bitte
Selfies zeichnen!

- -
- -
- -
- -

Ich, morgens.

Mittags

- -
- -
- -
- -

Ich, mittags.

Abends

- -
- -
- -
- -

Ich, abends.

Nachts

- -
- -
- -

Ich, nachts.

Datum: _____ Hier bin ich: _____

So fühle ich mich gerade:

	ja	nein	etwas			ja	nein	etwas
glücklich	☐	☐	☐	cool		☐	☐	☐
erfüllt	☐	☐	☐	scharf		☐	☐	☐
bedrückt	☐	☐	☐	schläfrig		☐	☐	☐
verrückt	☐	☐	☐	_____		☐	☐	☐

So viel Geld habe ich heute ausgegeben: _____
Und dafür habe ich es ausgegeben: _____
_____

Ein mitgehörter
Satz :

Ojeoje : _____
_____

WOW ! _____
_____

Verbesserungsvorschlag für die nächste Reise: _____
_____

160

Mein Held des Tages:

Hier gibt es eindeutig zu viele

☐ Mücken ☐ Touristen ☐ Straßenhändler ☐ _____

Und zu wenig ☐ Kaffee ☐ Platz ☐ Ruhe ☐ _____

Füllstand meiner Reisekasse:

0 % ▭▭▭▭▭ 100 %

Das vermisse ich ☐ gerade ☐ nicht : _____

_____

Gesehen: _____

Gehört: _____

Gerochen: _____

Gelernt: _____

Ge_____: _____

Datum: _____ Hier bin ich: _____

Das Interessanteste, das ich
heute in den Händen hielt:

Das habe ich heute gesehen:
Geheimnisvolle Orte: ☐ Stück. Details: _____

_____

Exotische Tiere: ☐ Stück. Details: _____

_____

Ein ☐ grandioses ☐ enttäuschendes Ereignis: _____

_____

_____

Heute war ein besonderer Tag, ☐ weil ☐ obwohl _____

_____

_____

Mein abschließendes Urteil über den Tag: ☐ 👍 ☐ 👎

Datum:_____ Hier bin ich:_____

Heute bin ich:

	ja	nein	etwas			ja	nein	etwas
hübsch	☐	☐	☐	drollig		☐	☐	☐
faul	☐	☐	☐	präzise		☐	☐	☐
quirlig	☐	☐	☐	romantisch		☐	☐	☐
interessiert	☐	☐	☐	_____		☐	☐	☐

So klingt dieser Ort:_____
_____

Unbedingt ☐vermeiden ☐machen:_____
_____

Meine To-do-Liste
für morgen:

Ein kleiner Moment für die Ewigkeit:_____
_____
_____

Datum: _____ Hier bin ich: _____

Ich fühle mich:

	ja	nein	etwas			ja	nein	etwas
fantastisch	☐	☐	☐	pragmatisch		☐	☐	☐
fein	☐	☐	☐	überflüssig		☐	☐	☐
gemein	☐	☐	☐	_____		☐	☐	☐

Heute habe ich _____

_____

_____ Das muss ich unbedingt _____ erzählen!

Das könnte ich gerade ☐ sehr gut ☐ gar nicht gebrauchen: _____

_____

_____

So erholt bin ich: 0 % [▓▓▓▓▓▓▓▓▓▓] 100 %

Die seltsamste Begebenheit der letzten Tage: _____

_____

_____

Ich müsste mal wieder _____

Datum: _____ Hier bin ich: _____

In meinem Handgepäck
befindet sich:

So viel Zeit verbracht mit:

Rumsitzen: ☐ Stunden   Schlafen: ☐ Stunden

Flanieren: ☐ Stunden   _____: ☐ Stunden

Der WAHNSINN: _____

_____

_____

Das lief im Radio: _____

_____

Das werde ich ☐ sehr ☐ gar nicht vermissen, wenn ich wieder

zu Hause bin: _____

_____

Datum: _____ Hier bin ich: _____

Diese Strecken habe ich heute zurückgelegt:

km	km	km	km

Heute früh habe ich _____
_____, danach war ich
_____,
und abends habe ich dann _____
_____

Diese Sprachen habe ich gehört: _____
_____

Das hätte ich gerne vorgespult: _____

Und das zurück: _____
_____

Das war wirklich □sonderbar □einzigartig □unglaublich:
_____
_____

Datum: .... Hier bin ich: ....

So bin ich heute:

	ja	nein	etwas		ja	nein	etwas
bescheiden	☐	☐	☐	reizend	☐	☐	☐
behäbig	☐	☐	☐	relaxed	☐	☐	☐
furchtlos	☐	☐	☐	....	☐	☐	☐

Ich habe zum ersten Mal ....

....

Es war ☐ wirklich schön ☐ fürchterlich ☐ ....

Heimweh? ☐ ja ☐ nein ☐ ein wenig

Warum? ....

....

Abenteuerlust: 0% [__________] 100%

Das ☐ muss ☐ will ich mir unbedingt merken: ....

....

Geheimtipp des Tages: ....

....

....

So fühle ich mich:

	ja	nein	etwas			ja	nein	etwas
frisch	☐	☐	☐	edel		☐	☐	☐
frei	☐	☐	☐	rasant		☐	☐	☐
fürsorglich	☐	☐	☐	gespannt		☐	☐	☐
behaglich	☐	☐	☐	dehydriert		☐	☐	☐
verzagt	☐	☐	☐	_____		☐	☐	☐

Das war für heute geplant: _____

_____

_____

Und das habe ich tatsächlich gemacht: _____

_____

_____

Das ☐ Leckerste ☐ Ekeligste, das ich gegessen habe: _____

_____

_____

Das will ich ☐ gerne ☐ auf keinen Fall wiederholen: _____

_____

_____

Datum: _____ Hier bin ich: _____

Mein heutiges Reiseoutfit:
(einzeichnen)

So viel Geld habe ich heute ausgegeben für

Übernachtung: _____ Freizeit: _____

Essen: _____ Sonstiges: _____

Das war ein kleines bisschen ☐ enttäuschend ☐ lustig: _____
_____
_____

So dreckig sind meine Schuhe: 0% [▓▓▓▓▓▓▓▓▓▓▓▓▓] 100%

Echt außergewöhnlich: _____
_____

Neue Erfahrungen gemacht? ☐ nein ☐ ja, diese: _____
_____

So sehen hier die Steckdosen aus:

(Details einzeichnen)

Heute habe ich _____
_____
_____
_____. Es war echt ☐toll ☐blöd.

Neue Wörter gelernt? ☐nein ☐ja, diese:_____
_____

Heute bin ich ☐ % Weltenbummler, ☐ % Stubenhocker
und ☐ %_____

Das war ☐etwas ☐gar nicht verwirrend: _____
_____

Wäre ich jetzt gerne woanders? ☐nein ☐ja, hier:_____
_____

So war ...

Datum: _____ Hier bin ich: _____

So war ...

	gut mittel schlecht		gut mittel schlecht
... die Nacht	☐ ☐ ☐	... die Laune	☐ ☐ ☐
... das Wetter	☐ ☐ ☐	... die Aussicht	☐ ☐ ☐
... das Essen	☐ ☐ ☐	_____	☐ ☐ ☐

☐ Heute ☐ in den letzten Tagen ist etwas Unglaubliches passiert:

_____

_____

_____ Das werde ich (vermutlich) niemals vergessen!

Fotos gemacht: ☐ Stück

Lieblingsmotiv: _____

So voll ist mein Akku: 0% ▬▬▬▬▬▬▬ 100 %

Darauf ☐ freue ich mich ☐ freue ich mich nicht: _____

_____

Der lustigste Moment des Tages: _____

_____

_____

In diesem Moment bin ich:

	ja	nein	etwas		ja	nein	etwas
enthusiastisch	☐	☐	☐	witzig	☐	☐	☐
elastisch	☐	☐	☐	entspannt	☐	☐	☐
pragmatisch	☐	☐	☐	_____	☐	☐	☐

Erste Eindrücke nach dem Aufstehen: _____
_____
_____

Schöne Orte entdeckt: ☐ Stück. Namen: _____
_____

Menschen getroffen: ☐ Stück. Namen: _____
_____

So fit bin ich: 0% [▬▬▬▬▬▬▬▬▬▬] 100%

Das hatte ich beim Packen nicht bedacht: _____
_____

Besondere Vorkommnisse: ☐ nein ☐ ja, diese: _____
_____

Das lag auf meinem Frühstückstisch:

(einzeichnen)

Den besten Kaffee gibt's übrigens hier:_____
_____

Und da den schlechtesten:_____
_____

Das ☐ muss man ☐ muss man nicht unbedingt mit eigenen
Augen gesehen haben:_____
_____

Das stand SO nicht im Reiseführer:_____
_____
_____

Entdeckung des Tages:_____
_____

Datum: _____ Hier bin ich: _____

Das Wort des Tages:

Der Ort, an dem ich mich aufhalte, ist berühmt für _____
_____
_____

So begrüßt man sich hier: _____
_____

Zeitverschiebung zu meinem Heimathafen: ☐ Stunden

Das ist genial: _____
_____, aber das geht echt gar nicht: _____
_____

Das ☐ Wundervollste ☐ Sonderbarste, das ich heute sah: _____
_____
_____

Datum: _____ Hier bin ich: _____

Ich fühle mich:

	ja	nein	etwas			ja	nein	etwas
märchenhaft	☐	☐	☐	gesellig		☐	☐	☐
interessant	☐	☐	☐	geliebt		☐	☐	☐
matt	☐	☐	☐	_____		☐	☐	☐

Heute hatte ich ☐ keine ☐ viele Pläne. Das habe ich gemacht:

Es war ☐ umwerfend ☐ ernüchternd, weil _____

Das fehlt mir von zu Hause: _____

Postkarten verschickt? ☐ nein ☐ ja, ☐ Stück

Empfänger: _____

Ich könnte mal wieder _____

Heute bin ich:

	ja	nein	etwas			ja	nein	etwas
witzig	☐	☐	☐	zuverlässig		☐	☐	☐
emotional	☐	☐	☐	positiv		☐	☐	☐
radikal	☐	☐	☐	höflich		☐	☐	☐
unauffällig	☐	☐	☐	athletisch		☐	☐	☐
verschlossen	☐	☐	☐	_____		☐	☐	☐

So viel Zeit habe ich verbracht mit

Wandern: ☐ Stunden   Faulsein: ☐ Stunden

Essen: ☐ Stunden   Lesen: ☐ Stunden

Baden: ☐ Stunden   _____: ☐ Stunden

Über Mitreisende geärgert? ☐ nein ☐ ja, ☐ Stück

Namen: _____

Das ☐ genieße ☐ vermisse ich gerade: _____

_____

Dieser ☐ Gedanke ☐ Satz ist mein Souvenir für diesen Tag:

_____

_____

Meine Aktivitätskurve:

Heute habe ich meinen Augen nicht getraut, weil _____
_____
_____

Das habe ich gekauft:_____
_____. Es war ☐ billiger ☐ teurer als zu Hause.

So viel verstehe ich von der Sprache hier: 0% [_____] 100%

Diese Geräusche sind ganz typisch für hier:_____
_____

Das hat mich ☐ amüsiert ☐ genervt:_____
_____
_____

Da habe ich geschlafen:
(Zeichne dein Bett)

Erste Gedanken nach dem Aufwachen:_____
_____
_____

Bettwanzen, Flöhe, sonstiges Ungeziefer?
☐ Nicht dass ich wüsste! ☐ Seufz, ja, folgendes:_____
_____

Die Farbe des Himmels:_____

Ich fühle mich wie ein ☐ Einheimischer ☐ Tourist ☐ Alien,
weil_____
_____
_____

Ein ☐ einzigartiges ☐ enttäuschendes Erlebnis:_____
_____
_____

Datum: _____ Hier bin ich: _____

So fühle ich mich:

	ja	nein	etwas			ja	nein	etwas
leise	☐	☐	☐		kräftig	☐	☐	☐
weise	☐	☐	☐		freundlich	☐	☐	☐
wild	☐	☐	☐		wundersam	☐	☐	☐
gechillt	☐	☐	☐		_____	☐	☐	☐

Heute habe ich _____

_____

_____, morgen werde ich _____

_____

Interessantes Fundstück: _____

_____

So viel Lust habe ich gerade aufs Reisen:

0% [===] 10000%

Drei außergewöhnliche Dinge, die ich heute gesehen habe:

1. _____

2. _____

3. _____

Datum:_____ Hier bin ich:_____

So war...

	gut	mittel	schlecht		gut	mittel	schlecht
...mein Frühstück	☐	☐	☐	...meine Begleitung	☐	☐	☐
...mein Tag	☐	☐	☐	...meine Laune	☐	☐	☐
...das Wetter	☐	☐	☐	..._____	☐	☐	☐

Wenn ich mich umschaue, sehe ich _____

_____

Ich rieche _____
Ich höre _____

_____

und die Luft ist_____
Insgesamt ist es hier also ziemlich ☐schön ☐schrecklich.

Das ☐lustigste ☐skurrilste ☐_____ Erlebnis des Tages:

_____

_____

_____

Daran will ich mich unbedingt erinnern:_____

_____

_____

Datum:_____ Hier bin ich:_____

Der Zustand meines Körpers:
(Wehwehchen, Sonnenbrand,
 Sonnenbräune, Mückenstiche...)

Interessante Menschen kennengelernt? ☐ Stück
Namen:_____

Diese ☐ Orte ☐ Sehenswürdigkeiten habe ich gesehen:_____
_____
_____

Echt ☐ lecker ☐ extrem unlecker:_____
_____

Darauf kann ich gerade ☐ gut ☐ nicht verzichten:_____
_____

Das möchte ich mir noch ansehen, bevor die Reise zu Ende ist:
_____
_____

Der Blick aus meinem Fenster:

(zeichne so schnell
wie möglich!)

☐ bei Tag
☐ bei Nacht

Das hatte ich heute an:_____
_____

Der Anblick ☐ des ☐ der _____
_____
_____ hat mich absolut ☐ überwältigt ☐ unterwältigt.

Das könnte ich ☐ Mama ☐ der Blumengießerin ☐ _____
mitbringseln:_____

Darüber habe ich mich ☐ gefreut ☐ aufgeregt:_____
_____
_____

Ich fühle mich:

	ja	nein	etwas			ja	nein	etwas
reich	☐	☐	☐	ehrlich		☐	☐	☐
weich	☐	☐	☐	gefährlich		☐	☐	☐
großartig	☐	☐	☐	_____		☐	☐	☐

So viel Strecke habe ich heute zurückgelegt: [   ] ☐ m ☐ km

Blasen am Fuß? ☐ nein ☐ ja, [   ] Stück

Etwas Neues gelernt? ☐ nein ☐ ja, das: _____

_____

Davon hatte ich mir mehr erhofft: _____

_____

Aber davon wurden meine Erwartungen mehr als übertroffen:

_____

Der Tag in drei Worten:

Datum: _____ Hier bin ich: _____

So fühle ich mich:

	ja	nein	etwas			ja	nein	etwas
selbstsicher	☐	☐	☐	kreativ		☐	☐	☐
hübsch	☐	☐	☐	abgebrüht		☐	☐	☐
neugierig	☐	☐	☐	aufgeschlossen		☐	☐	☐
dynamisch	☐	☐	☐	_____		☐	☐	☐

Eine interessante neue Erfahrung: _____
_____
_____

So erschöpft bin ich: |‾‾‾‾‾‾‾‾‾‾‾‾‾‾‾‾‾‾‾‾‾|
                       0   10

So sagt man hier

Danke: _____

Guten Tag: _____

_____ . _____

Habe ich heute genug erlebt?

☐ ja, das: _____

☐ nein, das hätte ich gerne noch gemacht: _____

_____

184

Das lag auf
meinem Teller:

(und so hab ichs
gegessen)

Heute bin ich um ☐ Uhr in _____

_____ aufgewacht.

Es war ☐ sehr verwirrend ☐ wundervoll ☐ _____

Das war sehr überraschend: _____

_____

Da wäre ich jetzt lieber: _____
Wieso? _____

_____

Heute war ein ☐ spezieller ☐ durchschnittlicher ☐ extrem öder
Reisetag, weil _____

_____

_____

Meine Laune:

☺ ☐   😐 ☐   ☹ ☐   · · ☐

Das war heute so los: _____
_____
_____
_____

Laaaaaaaaaaaaaaaaaaaaangweilig: _____

Aber das fand ich ziemlich super: _____

Und das sogar noch superer: _____
_____
_____

Davon werde ich zu Hause erzählen: _____
_____
_____
_____

Datum:_____ Hier bin ich:_____

So fühle ich mich:

	ja	nein	etwas			ja	nein	etwas
ehrlich	☐	☐	☐	fröhlich		☐	☐	☐
sprachlos	☐	☐	☐	mysteriös		☐	☐	☐
kraftvoll	☐	☐	☐	_____		☐	☐	☐

Da schlafe ich heute:_____
_____

Das riecht gerade etwas seltsam:
☐ meine Füße ☐ die Matratze ☐ _____
Stört mich das? ☐ ja ☐ nein

Das vermisse ich gerade:_____
_____

So so SO schön:_____
_____

Ein unvergesslicher Augenblick:_____
_____
_____

Datum: _____ Hier bin ich: _____

Heute fühle ich mich:

	ja	nein	etwas			ja	nein	etwas
aktiv	☐	☐	☐	redselig		☐	☐	☐
sympathisch	☐	☐	☐	hemmungslos		☐	☐	☐
beflügelt	☐	☐	☐	....		☐	☐	☐

So ist das Wetter: ☐ ☀ ☐ ⛈ ☐ 🌈 ☐ ☐

Mein Song des Tages: _____

Diese Grenzen habe ich ☐ heute ☐ in der letzten Zeit überschritten:
☐ Landesgrenzen ☐ meine eigenen Grenzen
Details: _____
_____
_____

Nie wieder: _____

Ich ☐ freue mich ☐ freue mich nicht auf zu Hause, weil _____
_____
_____

Mein Tag als Tortendiagramm:
(vervollständigen)

▨ Tagebuchschreiben

⋮ Schlafen

/// Essen

〰 Entdecken

▦ _____

▦ _____

⧅ _____

Damit habe ich mir den Bauch vollgeschlagen: _____

_____

_____

_____

□ WOW! □ pfui... □ _____

Wann habe ich eigentlich das letzte Mal geduscht?

Vor ▢ □ Stunden □ Tagen □ Wochen

Und wo? _____

Das habe ich heute gelernt: _____

_____

_____

_____

Dieser schräge Vogel ist
mir heute begegnet:
(einzeichnen)

So viel Zeit habe ich verbracht mit

Shopping: ☐ Stunden   in Cafés sitzen: ☐ Stunden

Schlafen: ☐ Stunden   Entdecken: ☐ Stunden

Schlendern: ☐ Stunden   _____ ☐ Stunden

Das habe ich zum ersten Mal gesehen: _____
_____

Das muss ich unbedingt ☐ nachholen ☐ vermeiden: _____
_____
_____

Highlight des Tages: _____
_____

Tiefpunkt des Tages: _____
_____

Datum:_____ Hier bin ich:_____

So fühle ich mich:

	ja	nein	etwas			ja	nein	etwas
geheimnisvoll	☐	☐	☐		ausgelassen	☐	☐	☐
fröhlich	☐	☐	☐		verwöhnt	☐	☐	☐
eifrig	☐	☐	☐		königlich	☐	☐	☐
mitfühlend	☐	☐	☐		_____	☐	☐	☐

Heute morgen habe ich:_____

Viel lieber hätte ich:_____

Der Blick aus meinem Fenster ist ☐ Wahnsinn! ☐ relativ trostlos,
weil _____

So erfüllt bin ich gerade: 0% [▓▓▓▓▓▓▓▓▓▓] 100%

Eine nette kleine ☐ Anekdote ☐ Katastrophe der letzten Tage:

_____
_____
_____
_____

Datum: _____ Hier bin ich: _____

Mein kurzes Tagesprotokoll:

2:00
_____
_____
_____
_____

4:00
_____
_____
_____
_____

6:00
_____
_____
_____
_____

8:00
_____
_____
_____
_____

10:00
_____
_____
_____
_____
_____

12:00
_____
_____
_____
_____
_____

14:00
_____
_____
_____
_____

16:00
_____
_____
_____
_____
_____

18:00
_____
_____
_____
_____
_____

20:00
_____
_____
_____
_____
_____

22:00
_____
_____
_____
_____
_____

24:00
_____
_____
_____
_____

Datum:_____ Hier bin ich:_____

Der Zustand meiner Füße:

links   rechts

Das erste Geräusch, das ich nach dem Aufwachen höre:_____

Das ☐ist toll ☐nervt total.

Das ist ganz anders als zu Hause:_____

Und das ziemlich ähnlich:_____

Neue Vokabeln:

Davon werde ich noch meinen Enkeln erzählen:_____

_____

_____

Bonus-material

ALL MEINE Reisen

NEW YORK

MEXIKO-STADT

SAO PAULO

Alles einzeichnen:
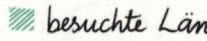 besuchte Länder
⌒ Flugrouten
〰 Schiffsrouten
⋯ sonstige Strecken

MOSKAU

PEKING

KAIRO

MUMBAI

JAKARTA

KAPSTADT

CANBERRA

Europa

REYKJAVIK

OSLO   STOCKHOLM

MOSKAU

DUBLIN

BERLIN   WARSCHAU

LONDON   KIEW

PARIS

BUKAREST

LISSABON   MADRID

ROM

ANKARA

ATHEN

SA

SA

✗ da war ich schon
○ da MUSS ich eines Tages hin!
♡ Herzensorte
⁒ zurückgelegte Strecken

Asien

PEWEK

JAKUTSK

NOWOSIBIRSK

ASTANA

PEKING

SEOUL

TOKIO

NEU DELHI

MUMBAI

TAIPEH

BANGKOK

MALEDIVEN

SINGAPUR

JAKARTA

Afrika

MARRAKESCH

KAIRO

DAKAR

TIMBUKTU

NAIROBI

KINSHASA

ANTANANARIVO

KAPSTADT

Australien

DARWIN

BRISBANE

PERTH

SYDNEY

CANBERRA

MELBOURNE

WELLINGTON

✕ da war ich schon
◯ da MUSS ich eines Tages hin!
♡ Herzensorte
⸝⸝ zurückgelegte Strecken

Südamerika

CARACAS

LIMA

LA PAZ

BRASILIA

SANTIAGO

MONTEVIDEO

BUENOS AIRES

✕ da war ich schon
◯ da MUSS ich eines Tages hin!
♡ Herzensorte
╱ zurückgelegte Strecken

Nordamerika

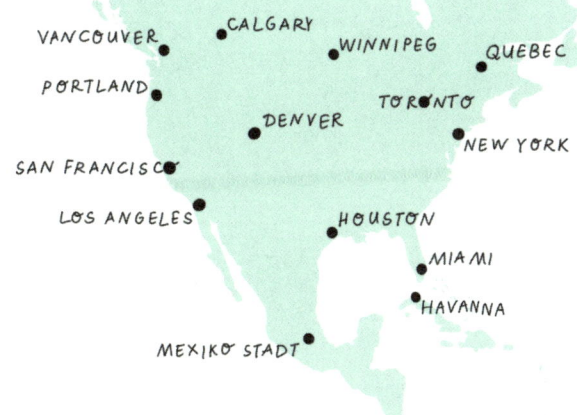

VANCOUVER · CALGARY · WINNIPEG · QUEBEC

PORTLAND · TORONTO

DENVER · NEW YORK

SAN FRANCISCO

LOS ANGELES · HOUSTON

MIAMI

HAVANNA

MEXIKO STADT

GANZ SCHÖN *schön* HIER!

An diesen Orten hängt mein Herz:

MAGISCHE
Momente

Das hätte ich gerne
zurückgespult:

Und hier hätte ich gerne die Zeit angehalten:

Nie wieder!

(Schreib alles auf und verschließ die Seiten später
mit Klebstoff oder Büroklammern. Ist besser so. Echt.)

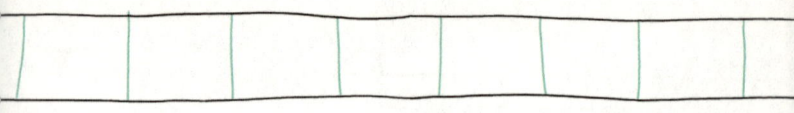

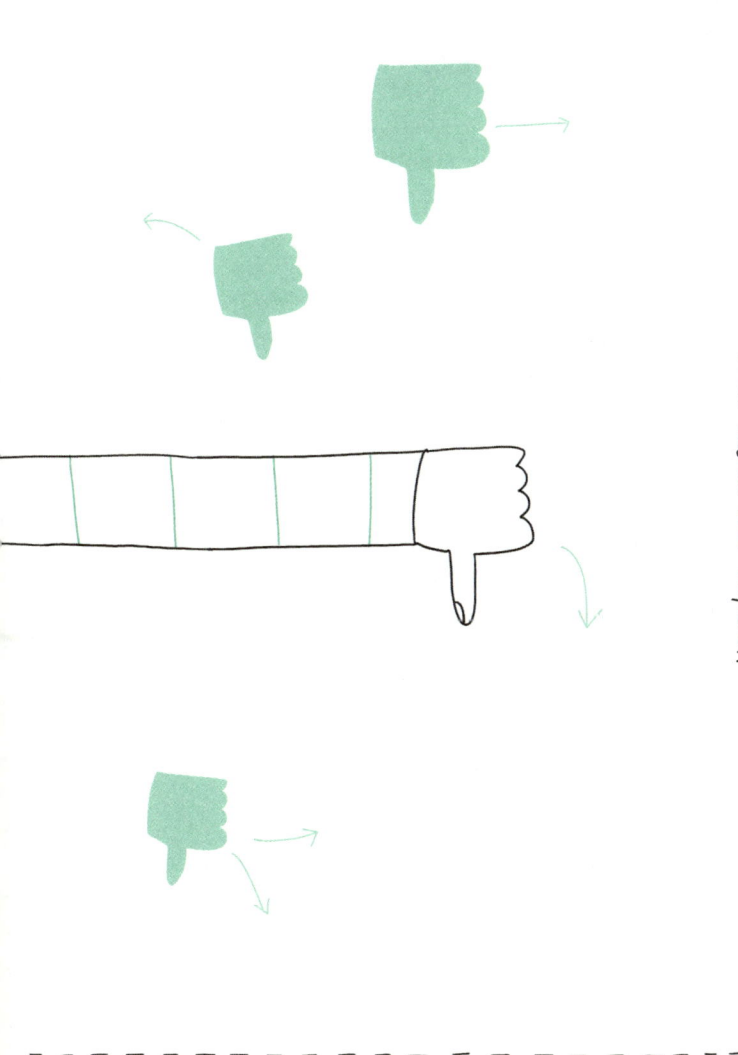

↑ Hier kleben oder heften. ↑

SUPERBESONDERE
Erlebnisse
eine Checkliste

✓	WAS	WANN	WO
☐	doppelten Regenbogen gesehen		
☐	dreifachen Regenbogen gesehen		
☐	Nordlicht gesehen		
☐	einsamen Strand besucht		
☐	im Mondlicht gebadet		
☐	im Wasserfall gebadet		
☐	Wüste gesehen		
☐	als Erster frischen Schnee betreten		

☑	WAS	WANN	WO
☐	Höhle erforscht		
☐	im Urwald gewesen		
☐	ein Weltwunder gesehen		
☐	den Äquator überquert		
☐	sehr gefährliches Tier gestreichelt		
☐	in einer Hängematte geschlafen		
☐	einen Wal gesehen		
☐	Vulkanausbruch erlebt		
☐	Berggipfel erklommen		

TOLLE Leute

Meine besten Reisebekanntschaften

Name:

Unser erstes Treffen:

Kontaktdaten:

Name:

Das mag ich an ☐ihr ☐ihm:

Kontakt:

Name:

So haben wir uns kennengelernt:

Kontakt:

Name: ....

Unsere Kennenlerngeschichte: ....

....

....

....

Kontakt: ....

....

Name: ....

Besonderheiten: ....

....

....

....

Kontakt: ....

....

....

Name: ....

Mein erster Eindruck von ☐ihr ☐ihm: ....

....

....

....

Kontakt: ....

....

....

Soundtrack

MEINER REISEN

Pack-, Reise-, Urlaubsstimmungs- &
Erinnerungsplaylists

NÜTZLICHE *Tipps* FÜR MICH SELBST,

(für zukünftige Reisen)

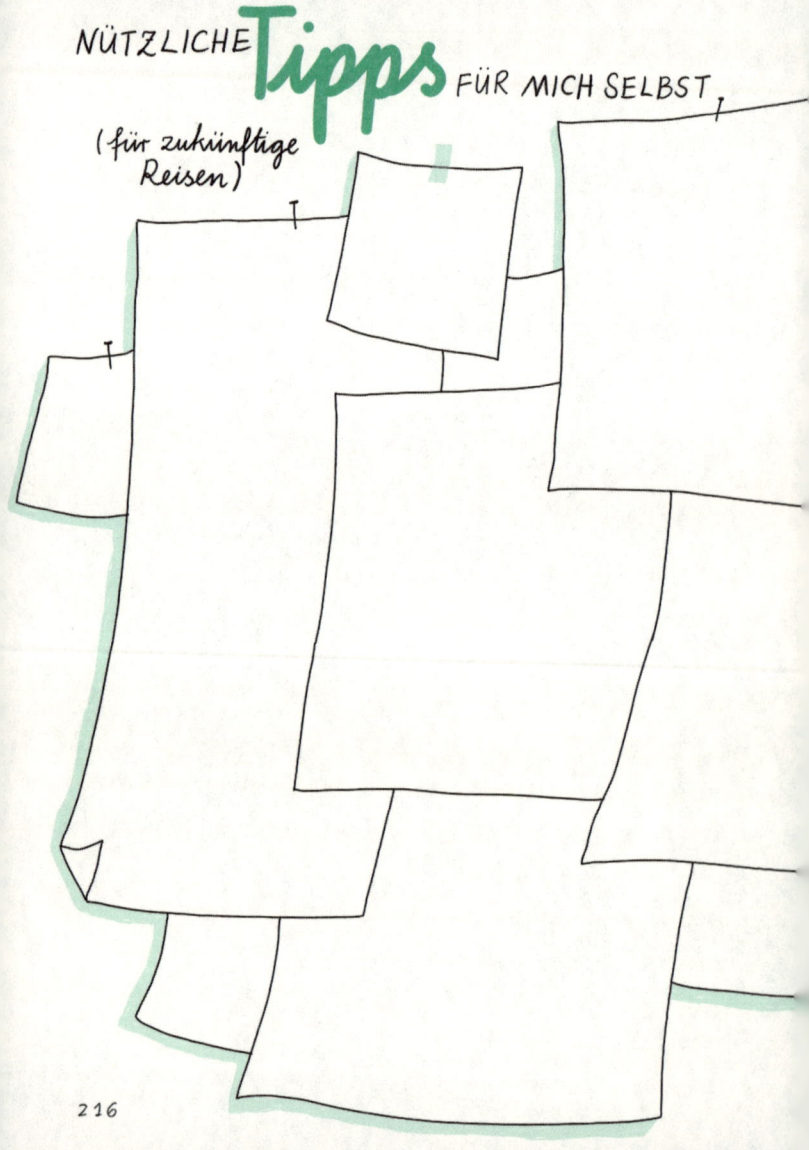

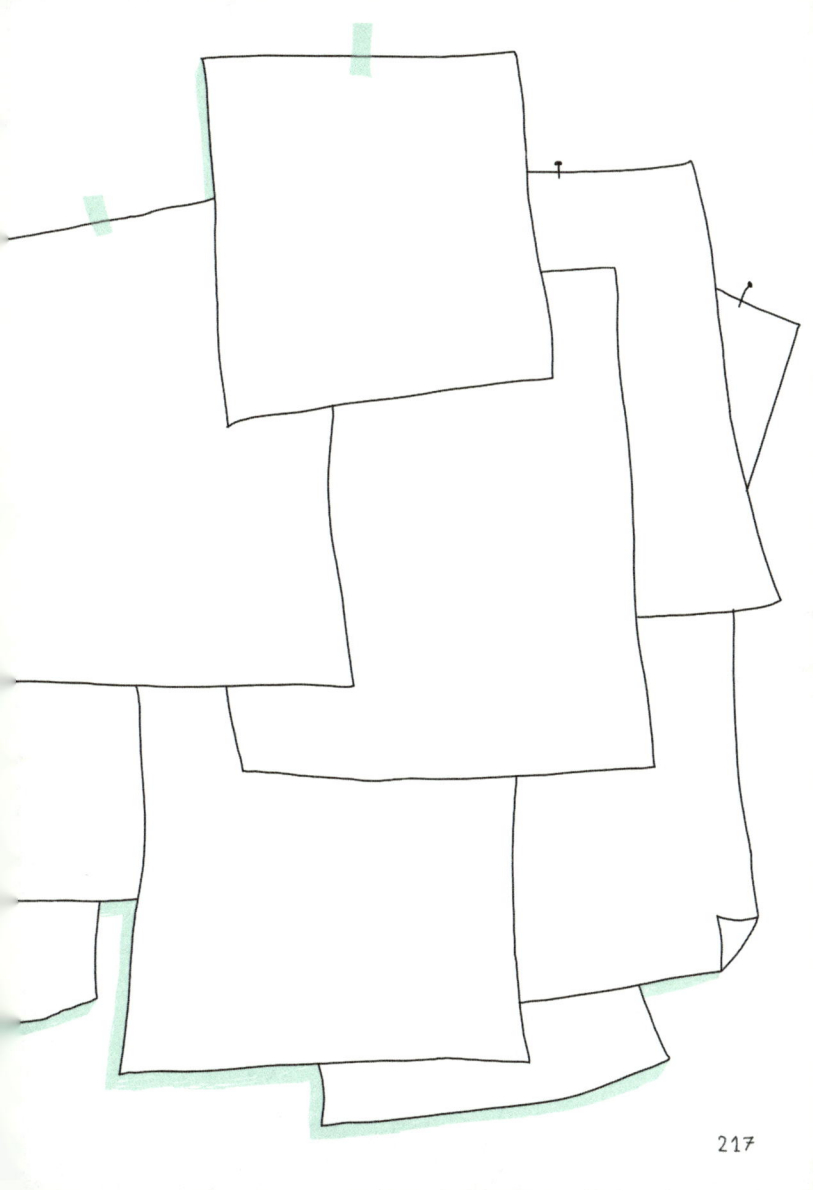

217

Packliste

Technik

Kleidung

mehr Kleidung

Reiselektüre

Hygiene

Dokumente

Gedöns

Wertsachen

noch mehr Kleidung

Apotheke

Proviant

30

WICHTIGE
Wörter

Notier dir vor
Reiseantritt die
wichtigsten Vokabeln
in der Landessprache.

Wo? ....
Wer? ....
Wie? ....
Wann? ....   Taxi ....
                                          Bar ....
Ich habe Hunger ....   Post ....
                                          Museum ....
Ich suche ....   Apotheke ....
                                          Café ....
                                          Polizei ....
                                          Krankenhaus ....
                                          Hotel ....

Geld wechseln ....

Zeig aufs Bild & mach dich verständlich!

Platz für eigene Piktogramme

Weißt du noch...?

Dinge, die so richtig in die Hose gehen, sind später doch oft die besten Geschichten!

Schräge Vögel

und andere lustige Tiere, die mir
auf meinen Reisen begegnet sind.

VERRÜCKTE Vehikel

(Tuk-Tuks, Mopeds mit
mehr als 3 Fahrern, völlig
überladenes Fahrrad...)

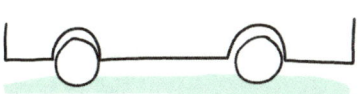

Souvenirs

Kleine Sammelstelle für flache Fundstücke

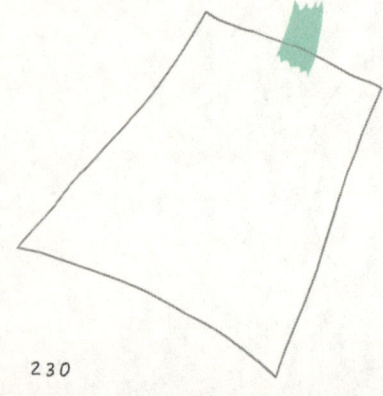

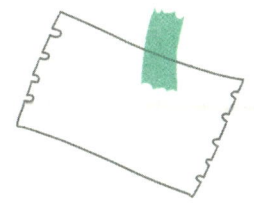

Abschlussbericht

Wenn man alle meine Reisen in diesem Buch zusammenrechnet, war ich insgesamt ☐☐☐☐ ☐Tage ☐Wochen ☐Monate unterwegs. Ich habe in ☐☐☐☐ Ländern ca. ☐☐☐☐☐ Städte besucht.

Der schönste Ort der Welt ist für mich: ....

....

Weil ....

....

Diese Orte hätte ich auch sehr gerne besucht: ....

....

....

Aber dafür hat die Zeit leider nicht mehr gereicht. Das mache ich beim nächsten Mal!

Insgesamt habe ich auf meinen Reisen ca. ☐☐☐☐ Kilometer zurückgelegt. ☐☐☐☐ Kilometer davon per Flugzeug, ☐☐☐☐ per Schiff, ☐☐☐☐ in Bus und Bahn, ☐☐☐☐ zu Fuß, ☐☐☐☐ auf allen vieren und ☐☐☐☐ ☐in ☐auf ....

....

Ich habe etwa [ ] neue Leute kennengelernt und würde
so ungefähr [ ] davon sogar als Freunde bezeichnen.
So viele Leute habe ich von zu Hause vermisst: [ ] Stück.
Am meisten habe ich allerdings _____ vermisst.

Die tollste Reisebegleitung: _____
Weil _____
_____
_____
_____

Die beste neue Reisebekanntschaft: _____
Weil _____
_____
_____
_____

Ich habe etwa [ ] Stück Postkarten geschrieben
und sicher an die [ ] Textnachrichten.

So viel haben meine Reisen insgesamt etwa gekostet:
_____ Euro.

Das finde ich ☐ total im Rahmen ☐ ups... ☐ _____
_____

Das habe ich unterwegs verloren: _____

_____

Das hat mich ☐ tief erschüttert ☐ relativ kaltgelassen.
Und das habe ich gefunden: _____

_____

_____

Der höchste Punkt meiner Reisen: ☐ m über NN
Er befand sich hier: _____

Der tiefste Punkt: ☐ m unter NN
Dieser: _____

Hier war es mit ca. ☐ Grad unfassbar heiß: _____

Und hier wäre ich bei ca. ☐ Grad fast erfroren: _____

Das war ganz schön brenzlig: _____

_____

_____

_____

_____ , aber ist ja noch mal gut gegangen!

Das außergewöhnlichste Reiseandenken: _____

_____

_____

Das war unterwegs unverzichtbar: _____

_____

Verbesserungsvorschläge für zukünftige Reisen: _____

_____

_____

_____

Meine Reisen als
Tortendiagramm:

::::: Abenteuer

/// Kultur

≋ Exotik

▦ _____

▨ _____

⍀ _____

Habe ich jetzt genug vom Reisen? ☐ Ja! ☐ Auf gar keinen Fall!!!

Dahin geht meine nächste Reise: _____

_____

Abschließend kann ich sagen, dass ich mit meinen Reisen

☐ überaus ☐ ausreichend ☐ _____ zufrieden bin!

Über die Autorin

Seit vielen Jahren denkt sich Doro Ottermann Lebenserleichterungen wie Mitmach- und Ankreuztagebücher für Leute aus, die – genau wie sie – jede Menge erleben, aber zu wenig Zeit zum Aufschreiben haben.

Die Autorin und Illustratorin liebt schlechtes Wetter und lebt deshalb mit ihrer Tochter in Hamburg.

Mehr Infos auf www.dorobot.de

Ihr Papier-Alter Ego „Tinydoro" hat sich vorgenommen viele Male die Erde zu umrunden und alle Länder zu bereisen.

Falls du ihr dabei helfen willst, kannst du sie hier kopieren, ausschneiden und auf deine Reisen mitnehmen.

Mach unterwegs ein Foto von euch beiden und teile es auf Instagram mit #tinydorosbigtrip!

Es gibt übrigens noch mehr Bücher von Doro Ottermann ...